新 音を大きくする本

音楽的に音圧を上げる
テクニックのすべて

永野光浩

Stylenote

はじめに

　この本を手に取られた方は、自分の作った曲が他の人の作った曲に比べてボリュームが小さいと感じている方だろう。

　音を大きくするにはイコライザーとコンプレッサーが必要という情報を得て、DAW[注1]に付属している数多くのエフェクターを使っても、名機と謳(うた)われるエフェクター[注2]を買いそろえても、思うように音が大きくならないまま八方塞(ふさ)がりになっている人も多いと思う。

LogicProX に付属のコンプレッサー

　次ページの図を見てほしい。音圧を上げる前のオリジナル曲と、音圧の目安として用意したリファレンス曲を比べてみたものだ。

　2つの曲はピーク値もレベルメータも同じだが、実際に音を聞くとリファレンス曲のほうが数段大きい音で聞こえる。

　これはいったい、どうしてだろうか。

　この謎をクリアにし、ご自身の曲をリファレンス曲のように大きくすること。これがが本書の目的だ。

注1　Digital Audio Workstation の略。音楽制作ソフトのこと。
注2　プロが使ってきた有名なエフェクターが、近年では DAW に後付けできるプラグイン・エフェクターとして数多くリリースされている。

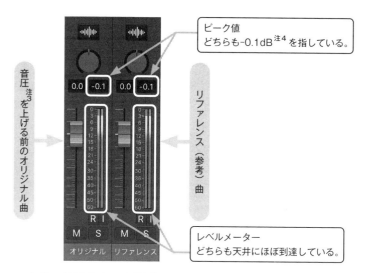

ピーク値
どちらも-0.1dB[注4] を指している。

音圧[注3] を上げる前のオリジナル曲

リファレンス（参考）曲

レベルメーター
どちらも天井にほぼ到達している。

　本書の目指すものを明確にしておこう。

　前作『音を大きくする本』では、コンプレッサーとイコライザーを使って音圧をしっかり上げる方法を書いた。そのころはいわゆる"音圧上げ競争"といわれる時代だった

　しかし今はそれも落ち着いて、"やはり音の強弱は重要だ"と考えられ、極端な音圧上げは避けられるようになってきた。そういったことからこの本では音を大きくすることはもちろんのこと、前作からさらに一歩進んで、**音楽的に音圧を上げる**ことを目的としている。

　ぜひ本書を活用して、パラメーターをどう動かせば音を大きくできるのか、メーターはどのように見るのか、コンプレッサーの種類をどのように使い分ければいいのか、それぞれを修得し、そして、音圧を自由に操れるようになってほしい。

注3　同じボリュームで聞いているのに大きく聞こえる曲、小さく聞こえる曲がある。この、"大きく聞こえる""小さく聞こえる"を"音圧が高い"、"音圧が低い"といい、エフェクターなどを使って音圧を高くすることを"音圧を上げる"、あるいは単に"音圧上げ"という。

注4　デシベルと読む。音の強さを表す単位で、音楽ソフトでは最終的な出力が0.0dBを超えないようにミックスしなければならない。0.0dBを超えた分はオーディオファイルに書き出した際にノイズとなってしまう。音割れしないための保険として0.0dBではなくそれよりほんの少し小さい-0.1dB ～ -0.3dBとすることが多い。

リファレンス曲を自分で用意しよう

　ベストなサウンドというのは、曲の数だけ存在する。とはいっても
ミュージシャンごとに傾向があるし、アルバムによってもそれぞれに
カラーがある。

　周波数分布だけで測れるものではないが、たとえば次の２つの曲の
サビの周波数分布を見ると低音の出方に違いがある。

ヘビメタ系の曲の例

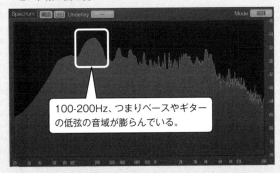

100-200Hz、つまりベースやギター
の低弦の音域が膨らんでいる。

アイドル系の曲の例

100Hz より下、キックの音域が
膨らんでいる。

※曲の周波数帯域の見方については第４章で詳しく説明する。

このように、サウンドの傾向によって各パートの聞こえ具合は異なるので、自分が出したいサウンド、つまりリファレンス曲と比較しながら音圧を上げるのは、音圧上げになれていないうちはとても有効な方法だ。

　音というのはつかみどころがないうえに、長時間聞いていると耳がその音に慣れてしまって、いつのまにか意図しない方向へ進んでしまうことがある。リファレンス曲というのはそういった状況の中で、旅人に北を示す北極星のような働きをしてくれる。

※ 本書オリジナルのリファレンス曲は準備していない。憧れのアーティストの曲やお気に入りのアルバムの曲、目指しているジャンルの曲など、目指すものにあわせて各自でリファレンス曲を用意してほしい。

目　次

第0章
状態の確認と用意するもの・11

第1章
音が大きくなるメカニズム・21

第2章
音について・37

第6章
音圧が上がる2mixをつくる・101

第7章
2mixの音圧上げ・111

第8章
M/S処理を利用して音圧を上げる・129

第 0 章

状態の確認と用意するもの

音圧が上がらない曲とは？

　音圧が上がらない曲はどういう状態になっているかを知れば、どうすれば音圧が上がるかがわかる。

　そこで、音圧上げを説明するために作った曲がある。楽器編成はドラム、ベース、ピアノ、ギター3本、ストリング、そしてボーカルという標準的なバンドスタイルの曲だ。

　まずは音圧を上げる前の波形を見てみよう。

A 音圧を上げる前の波形

　そして、本書の方法で音圧を上げると波形はこのようになる。

B 音圧を上げたあとの波形

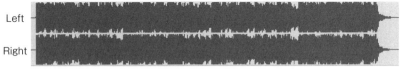

　一目瞭然。音圧を上げたときの波形は中身が詰まっていて、いかにも音が大きそうな感じがする。

ミキサーを見てみよう。

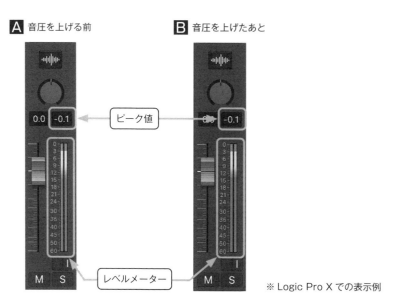

A 音圧を上げる前　　B 音圧を上げたあと

ピーク値

レベルメーター

※ Logic Pro X での表示例

波形と違い、違いが見当たらない。これはどういうことだろうか。

　ミキサーの右上に表示されている値はピーク値といって、その名のとおりその曲の一番大きい値を示している。音圧を上げる前も上げたあとも、ピーク値はどちらも -0.1dB だ。波形ではあんなにも違ったのに、ピーク値とレベルメーターはどちらも同じだ。

　このあたりに音圧上げのポイントがありそうだ。

音圧を上げる前の波形をもう一度よく見てみよう。ピーク値の-0.1dBに届いているのは1回しかない。たとえ一瞬であってもピーク値に達していれば、これ以上ボリュームを上げることはできないのが音楽ファイルを作るときの決まりだ（3ページの**注4**参照）。

天井に届いたところが-0.1dB。音圧を上げる前は、この1カ所だけしか届いていない。

A 音圧を上げる前の波形

Left

Right

一方、音圧を上げたあとの波形ではその値が数え切れないほどの回数になっている。

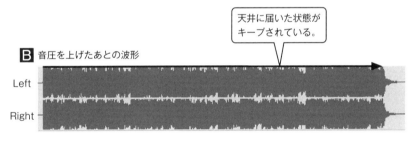

天井に届いた状態がキープされている。

B 音圧を上げたあとの波形

Left

Right

この違いが大きく聞こえる、小さく聞こえるという差になるのだ。

ピーク値とレベルメーター

　ピーク値とレベルメーターはそれぞれ何を表しているのか。それをまとめると次のようになる。

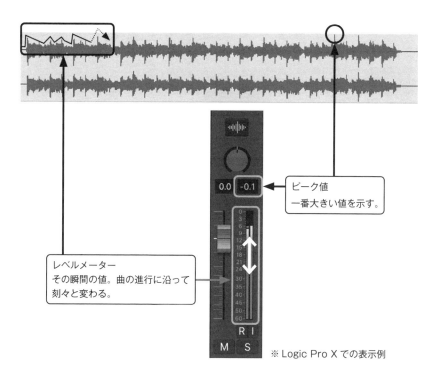

ピーク値
一番大きい値を示す。

レベルメーター
その瞬間の値。曲の進行に沿って刻々と変わる。

※ Logic Pro X での表示例

　では、音が小さいと感じているご自身の曲のデータを DAW に読み込んで、波形と音量の変化を見てみよう。

図のような魚の骨のような波形になっていて、ピーク値は最大でも、レベルメータの動きが曲にあわせて忙しく上下しているはずだ。

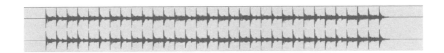

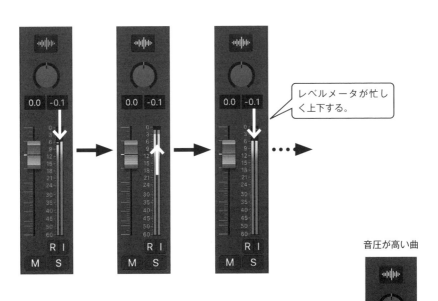

レベルメータが忙しく上下する。

　これに対して、音圧が高い曲は、レベルメーターが天井に張りついたまま下がってこない。

音圧が高い曲

レベルメータは天井に張りついていることが多い。

　音圧が低いときの波形の特徴がわかったところで、次からはどのように
すれば天井に張りついたような波形にできるのか、その方法を具体的に解
説してゆくが、その前に必要なものをリストアップしておこう。

用意するものリスト

● DAW

　本書では DigitalPerformer と LogicPro の画面を使って説明するが、ほ
かのソフトでも同じように操作可能だ。

●プラグイン・エフェクター

　コンプレッサーとイコライザーとリミッターが必要。これらは DAW に
も付属されているが、特にコンプレッサーは機種が違えば効果が異なるの
で、数種類用意しておきたい。本書で用いる主なプラグイン・エフェクター
は次ページのとおりだが、必ずしも同じものを揃える必要はない。まずは
すでにお持ちのエフェクターで同様の機能があるエフェクターを試しなが
ら、必要に応じて充実させていけばよい。

　本文には、次ページで紹介しているもの以外にもいくつかのプラグイン
が出てくるが、それらについてはそのつど説明をおこなう。

コンプレッサー
COMPRESSOR

➡ LogicProX に付属の
コンプレッサー

画面上部のタブでコンプレッサーのタ
イプを切り替えられるので便利だ。

⬅ Waves 社の Renaissance Compressor
⬇ Waves 社の CLA-76

Waves 社のプラグインはプロもよく使うプラグインだ。以前は
高額であったが、最近では1つ数千円で入手可能だ。

イコライザー
EQUALIZER

⬅ DigitalPerformer に付属の
MasterWorksEQ

ゲインを上下する周波数を自由に可変できる
このタイプのイコライザーは必携。

↑ Nomad Factory 社の PLUSE-TEC（左）、Waves 社の API560（右）

周波数が固定されたこのタイプのイコライザーもあると便利。どちらのタイプも、使い方は本文で詳しく解説する。

リミッター
LIMITER

← Waves 社の L3 Ultramaximizer

リミッターとほぼ同じ動きをするエフェクターにマキシマイザーがある。現在、その境目は曖昧となっているので、本書では同じものとして扱うことにする。

周波数アナライザー
ANALYZER

→ Voxengo 社の SPAN

このほか、どの周波数がどれくらい含まれているかを刻々と表示してくれる周波数アナライザーが必要。本書では Voxengo 社の無料のプラグインソフト SPAN を使って解説している。ぜひインストールしていただきたい。

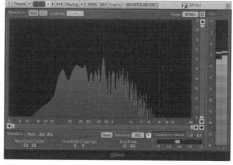

ダウンロード先⇒ https://www.voxengo.com/product/span/

●楽器ごとのオーディオファイル、またはトラック

2mix[注1]では十分に音圧は上がらない。2mixしか用意できない場合は第1章で音圧上げのメカニズムを覚えたのちに、第7章以降で説明している手順で音圧上げをおこなう。

また、リバーブやディレイなど空間系のエフェクターは、かけたまま音圧上げをおこなうと余韻が不自然になるのではずしておく。これらのエフェクターは音圧上げをおこなったあと、ミックスのときにかけるようにする。

楽器ごとのオーディオファイル、またはトラック　　　　　　　　　　　2mixファイル

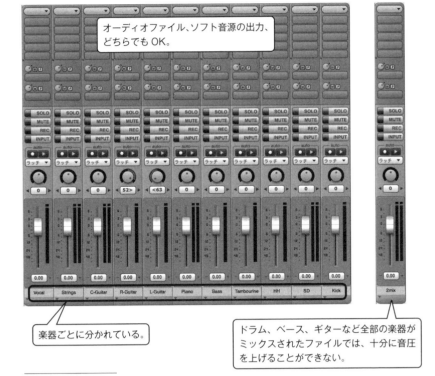

オーディオファイル、ソフト音源の出力、どちらでもOK。

楽器ごとに分かれている。

ドラム、ベース、ギターなど全部の楽器がミックスされたファイルでは、十分に音圧を上げることができない。

注1　ドラム、ベース、ギター、ボーカルなど複数のパートが左右（LとR）の2チャンネルにまとめられたもの。ステレオマイクでバンド演奏を一発録りしたファイルなどがこれにあたる。

音が大きくなるメカニズム

コンプレッサーを使って
音圧を上げる

コンプレッサーを使って音圧を上げる仕組みを手順を追って解説しよう。

手順1 ピーク値の調整

これは、音圧を上げる前のキックの波形だ。

モノラル音源なので波形は1つ

見るとすぐにわかるようにピーク値が低い。このままでも音圧を上げることはできるが、なるべく良い音で作業するためには、できるだけ大きい音でオーディオファイルに書き出しておいたほうがいい。また、素材のピーク値をいつも大きくしておくことで、手順2以降の操作に一貫性が出てコンプレッサーの動きを捉えやすくなる。

ソフト音源のボリュームを上げるか、ソフト音源の後段に Gain など音量を上げるプラグインを挿すなどして、ピーク値が -1.0dB 〜 -0.1dB の範囲に入るように調整してから改めてキックを書き出す。

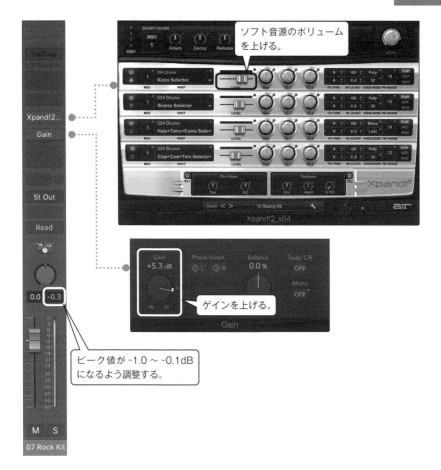

ソフト音源のボリューム
を上げる。

ゲインを上げる。

ピーク値が -1.0 ～ -0.1dB
になるよう調整する。

07 Rock Kit

　上図の例では、ピーク値が「-0.3」となっている。この値はあとで重要
となってくるので、メモしておこう。

書き出したファイル

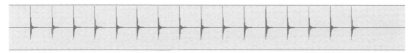

<table>
<tr><td>手順2</td><td>基本設定のあと、
Threshold を下げる</td></tr>
</table>

この波形にコンプレッサーをかける。

↑ LogicPro のコンプレッサー

LogicPro に付属のコンプレッサーを立ち上げると、Platinum Digital から Vintage Opto まで、7 種類のコンプレッサーから選択できるようになっている。Studio FET がもっとも音圧上げの動作原理に近い結果が得られる。

　コンプレッサーにはさまざまなパラメーターがあるが、主要なパラメーターは、次の4つだ。

☐ Threshold（スレッショルド）
☐ Ratio（レシオ）
☐ Attack（アタック）
☐ Release（リリース）

　この4つのパラメーターを次のように設定しよう。これが音圧を上げる
ときの基本設定となる。

音圧上げの基本設定

Threshold = 0.0dB
Ratio =最大：1
Attack =最速[注1]
Release =最速

※主要な4つのパラメーター以外は、すべて「0」
か「OFF」にする。

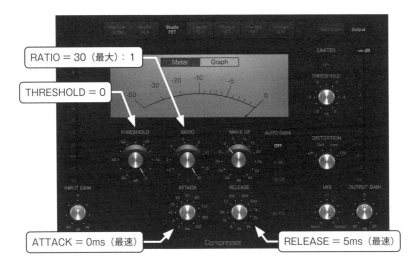

RATIO = 30（最大）：1

THRESHOLD = 0

ATTACK = 0ms（最速）

RELEASE = 5ms（最速）

注1　最速値を 0.0ms にできるコンプレッサーであれば本書と同じような動作になる。

この基本設定で曲を再生しても音は変化しない。

そこで Threshold を 0.0dB から少しずつ下げていく。すると音が次第に変化してくる。

たとえば Threshold を -20dB にすると、音が小さくなって出力レベルは -20dB を指すようになる。

この状態で波形を書き出すと、振れ幅が小さくなっているのがわかる。

さらに Threshold を -30dB まで下げると、

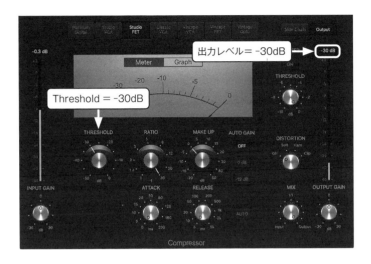

出力レベルは -30dB となって、波形はさらに小さくなる。

では、もともとの波形と、Threshold を -20dB、-30dB にしたときの波形を横に並べて見比べてみよう。

コンプレッサーをかける前　　Threshold = -20dB　　　Threshold = -30dB

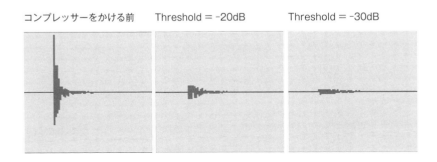

３つの波形を見ていると次のような２つの線が浮かび上がってくる。

コンプレッサーをかける前　　Threshold = -20dB　　　Threshold = -30dB

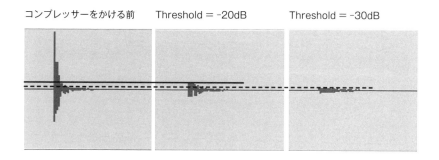

　この２つの線のうち、実線のほうが -20dB、破線のほうが -30dB を表している。

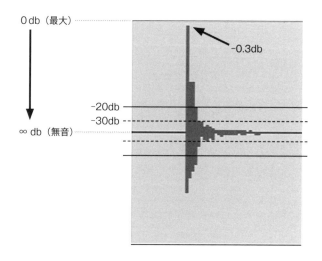

　このことから、Threshold 値（線の高さ）より上の部分は削除され、値以下（線の高さより下）の波形はそのまま残される、つまり Threshold は「削除する／削除しない」の境目の値であるということがわかる。

　波形を見るとわかるように、コンプレッサーをかけると、もとの音に比べて音が小さくなる。コンプレッサーとは、もともと「圧縮機」という意味だから、言葉どおりで間違いない。でも、これでどうやって音圧を上げることができるのだろうか。

　それが次の手順3だ。

手順3 コンプレッサーの
出力レベル調整

　この素材の場合、Threshold を -30dB としたときの入力レベルは -0.3dB だが、出力レベルは -30dB となっている。

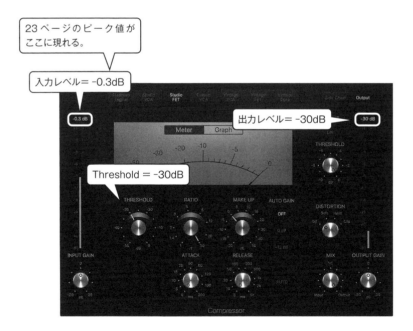

23 ページのピーク値が
ここに現れる。

入力レベル= -0.3dB

出力レベル= -30dB

Threshold = -30dB

これは手順2でおこなった圧縮による効果だが、今度は出力レベルを入力レベルと同じになるように持ち上げる。これが手順3だ。「下げた音量をふたたび上げても、もとに戻るだけじゃない？」と思うかもしれないが、実際にはそうならない。

　では実際に出力レベルを調整してみよう。
　この素材の場合、Output Gain を 0.0dB から +26.5dB にしたら出力が -0.5dB となった。入力と同じ -0.3dB にはなっていないがこれくらいの誤差は問題ない。

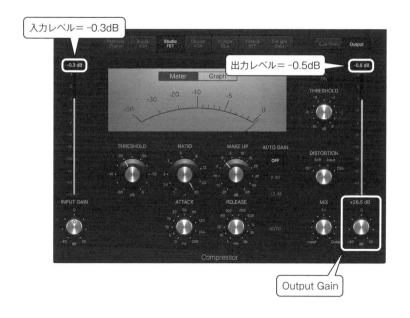

　これで音を聞くと、驚異的な爆音になっていることがすぐにわかる。この状態を図にしてみよう。

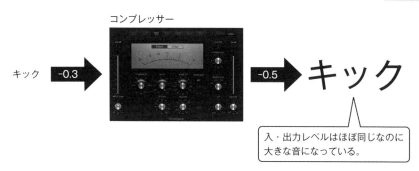

コンプレッサー

キック → -0.3 → -0.5 → キック

入・出力レベルはほぼ同じなのに
大きな音になっている。

音圧が上がる仕組み

　レベルが同じにもかかわらず、どうして聞こえる音の大きさに違いが出るのか。最初の章でも見てきたが、波形を見るとその理由がわかる。

上がコンプレッサーを通す前、下がコンプレッサーを通したあとの波形

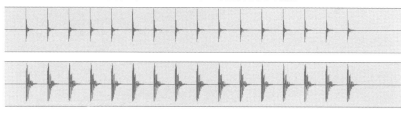

　このように各音のとんがった一番大きいところは同じ（ピーク値は同じ）だが、コンプレッサーを通したほうはそれまで小さかったとんがりに続く部分が大きくなっている。

　ではなぜ、コンプレッサーで一度圧縮してから改めて大きくするとこのような波形になるのか。その過程をイラストにしたのが次だ。

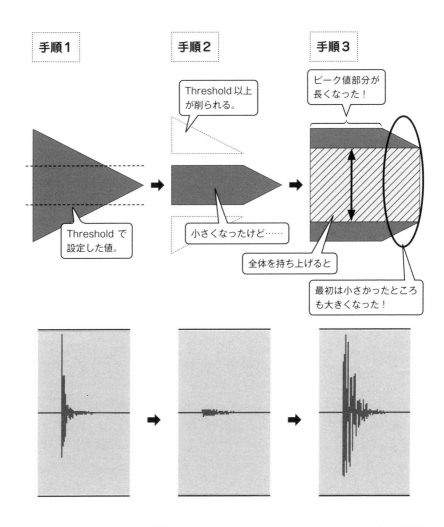

手順1

手順2

Threshold 以上
が削られる。

手順3

ピーク値部分が
長くなった！

Threshold で
設定した値。

小さくなったけど……

全体を持ち上げると

最初は小さかったところ
も大きくなった！

　これでわかるのは、手順2で波形をより小さくしておいたほうが、手順
3で持ち上げられる量も大きくなるということ。つまり、

Threshold を下げれば下げるほど高い音圧が得られる

ということだ。

　ただし、Threshold を下げるとその分、削られる部分も多くなり、手順
３で持ち上げたときに音が変わってしまったり、ノイズが混ざったりする
ので、Threshold を下げるのにも限界はある。

　３つの手順をまとめておこう。

手順1　ピーク値を上げておく。–1.0dB ～–0.1dB の範囲に入るく
らいがよい。

手順2　コンプレッサーのパラメーターは次のように設定する。

　　　Ratio ＝最大：1
　　　Attack ＝最速
　　　Release ＝最速

　　ほかのパラメーターは 0 か OFF にしておく
　　上記の状態から Threshold を下げる（なるべく下げたほう
　　が手順３で高い音圧が得られる）。

手順3　手順１のピーク値と同じになるように出力を上げる。

　以上がコンプレッサーを使った音圧上げの仕組みと手順だ。次にリミッ
ターを使った音圧上げの方法についても解説しよう。

リミッターを使った
音圧の上げ方

　コンプレッサーの設定のうち、"Ratio ＝最大： 1 "、"Attack ＝ 0 ms"
にした状態のことをリミッターというので、リミッターはコンプレッサー
の一部ともいえるが、リミッターとして独立した使いやすいプラグインが
数多くリリースされている。何といっても手順 1 でピーク値を上げたら、
あとは手順 2 で Threshold を下げるだけ。手順 3 の操作が不要なところが
使いやすい。

　手順は次のとおり。

手順 1	ピーク値を上げておく。-1.0dB ～-0.1dB の範囲に入るく
	らいがよい。

手順 2	Ceiling注2 を -0.1dB注3 にしてから Threshold を下げる。

　たったこれだけ。コンプレッサーでは下げた分のレベルを手順 3 で上げ
なければならないが、リミッターではそれを自動で計算してくれるという
わけだ。

注 2　シーリングといって、リミッターではここで設定した値より大きな音を出力しないよう
　　　になっている。
注 3　レベルオーバーしないようにするための保険。

DigitalPerformer 付属の MasterWorksLimiter

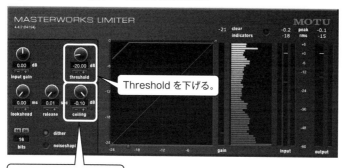

Threshold を下げる。

ceiling を -0.1dB にする。

書き出した波形はこのとおり。

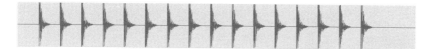

コンプレッサーか、それともリミッターか？

　詳しくは次の第2章の「音について」と第3章の「音楽的なコンプレッサーの使い方」で書いているが、コンプレッサーは音のアタック部分の聞こえ方をコントロールできるため楽器らしさを残しながら音圧を上げることが可能だ。そういったことから各楽器の音圧を上げる場合にはコンプレッサーを使うのが基本だが、極端に短いアタック音などコンプレッサーではうまく音圧を上げられない場合にはリミッターが必要となる。第5章で楽器ごとにエフェクターをかけているので、それも参考になるだろう。

　また、リミッターには曲の最終段階での音圧上げという重要な使い道があり、これなしには音圧の高い曲を作ることができない。

第1章のまとめ

　このように、コンプレッサーやリミッターを使えば音は確実に大きくなる。ここではキックの素材を使って説明してきたが、スネア、タム、シンバル、ベース、ギター、キーボード、ボーカルなど、パートごとに個別のコンプレッサーやリミッターを使って波形を太らせてからミックスすれば、必ず大きな音の曲ができあがる。

　しかし、音が大きくなることと引き換えに音そのものの変化は避けられない。"はじめに"にも書いたように、なるべくもとの音のニュアンスを残したまま、音楽的に音を大きくする方法を解説するのが本書の目的であるので、このあとからそれを説明していく。

　まず第2章では"音"について掘り下げてみよう。

第 **2** 章

音について

音の立ち上がりについて理解を深めておくことが、音楽的にコンプレッサーをコントロールすることにつながるので、本章ではこの点について解説しようと思う。

子音と母音

　"あ・い・う・え・お・か・き・く・け・こ・さ・し・す・せ・そ"と発音したときの波形を見てみよう。

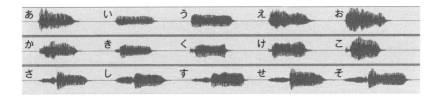

　これを見て気がつくのは、サ行のそれぞれのはじめ（囲んだところ）に似たような部分があることだ。

サ行

　さらによく見てみると、カ行にもサ行とは形が違うが、共通する部分がある。

カ行

一方、ア行にはそういった特徴がない。

ア行

　カ行とサ行の囲んだところの正体は……？？？

　それは子音だ。
　つまり、サ行の囲んだところは"さ・し・す・せ・そ"の子音"s"の音、カ行の囲んだところは"か・き・く・け・こ"の子音"k"の音というわけだ。"あ・い・う・え・お"は母音だけで子音がないから、最初のところに特徴的な波形がなかったのだ。

　そうやって波形を見ていくと、もう1つ面白いことがわかる。それは、次の囲んだところがそれぞれ似ているということだ。

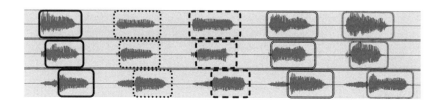

　もうおわかりだと思うが、これらはそれぞれ母音であり、最初の列は母音の"a"、2列めは"i"、3列めは"u"、4列めは"e"、5列めは"o"というわけだ。
　だからたとえば、"か（ka）"の母音のところだけを再生すると"か（ka）"とは聞こえずに"あ（a）"と聞こえるし、"さ（sa）"の母音のところだけを再生すると"さ（sa）"とは聞こえずに"あ（a）"と聞こえる。

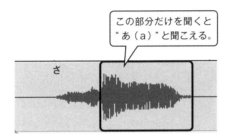

この部分だけを聞くと
"あ（a）"と聞こえる。

さ

　こうしてみると、子音がいかに重要な働きをしているかが改めて実感できる。

アタック音

　今度はキックの音を見てみよう。

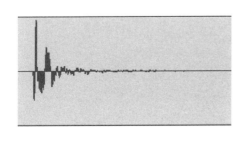

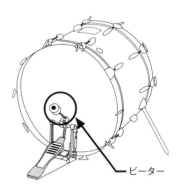

ビーター

　キックの波形を横方向に拡大したものだ。波形の最初のところがとても大きく、そのあとはスッと小さくなっている。この大きいところはビーターがキックの皮を叩いた瞬間の音で、そのあとのスッと小さくなるところは叩かれた皮が振動して胴全体を響かせている音だ。

　つまりキックの音というのは、叩かれたときの音と皮が振動する音とに分かれていて、言葉に置き換えれば、叩かれた瞬間の音が子音、そのあとの皮の振動が母音ということができる。

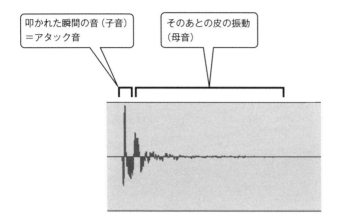

先ほど書いたように音にとって子音はとても重要で、もし"ｓ"が欠落してしまったら"さ（sa）"に聞こえないように、叩かれた瞬間の音が聞こえないとキックがキックらしい音には聞こえなくなる。

　これはキックだけのことではなく、ほとんどすべての楽器は、鳴りはじめのところに子音のような部分がある。

　たとえばギターならピックが弦を弾くときの音、ヴァイオリンなら弓が弦を擦りはじめるときの音、ピアノならハンマーが弦を叩くときの音などがそれに該当する。

　また、ギターならピックの材質によって、ヴァイオリンなら弓の材質や張り具合によって、ピアノならハンマーのフェルトの材質や減り具合によっても聞こえる音が少しずつ異なる。これらの音を総称してアタック音といい、その楽器がその楽器らしく聞こえる重要なファクターとなっているのだ。

アタック音と音圧

　音を大きくしたいときは、アタック音をなるべく抑えてそれに続く音を大きくすればいいということは、第1章で書いたとおりだ。

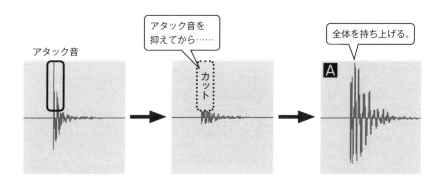

　ところが、音を大きくしようとアタック音を抑えれば抑えるほど、子音と母音の関係と同じで、楽器らしさが損なわれていく。音圧と楽器らしい質感とはお互いに両立しにくい関係にあるのだ。

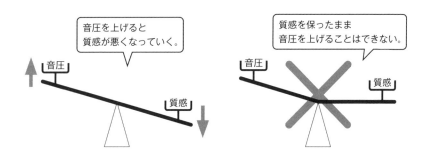

　しかしたとえば、次のようにすれば、質感をある程度キープしながら音圧を上げることも不可能ではない。

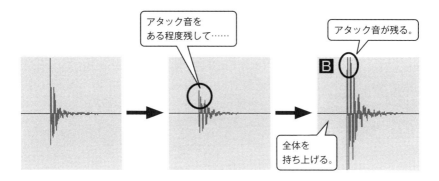

　この方法なら、アタック音を残しながら音圧を上げられる。

　アタックをカットして音圧を上げた前ページの波形Ａと、アタックを残してから音圧を上げた上の波形Ｂを比べるとわかるように、アタックを残すこの方法は音圧的には多少不利にはなるが、これでも十分な音圧になるので心配は無用だ。

　コンプレッサーの使い方次第で、上の波形Ｂのようにアタックを残しながら音圧を上げることができる。次の第３章で、その方法を具体的に解説しよう。

第3章

音楽的なコンプレッサーの使い方

この章では、何種類かのコンプレッサーを使い分けて、音楽的に音圧を上げる方法を説明してゆく。どういう手順で何に注意すればよいかがわかれば、これまで持て余していた方もコンプレッサーが使えるようになること請けあいだ。

　手順は7つある。

手順1 ＞ ピーク値の設定

　まず、ピーク値を –1.0dB から –0.1dB に設定したファイルを用意する。これが手順1だ。

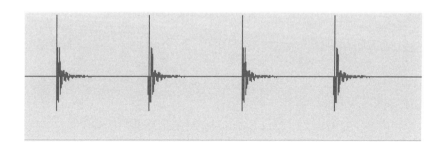

　この音にコンプレッサーをかける。ここでは Waves 社の Renaissance Compressor を使って説明する。

手順2 ▷ コンプレッサーの設定

コンプレッサーの設定は次のようにする。これが手順2だ。

> Threshold = -5.0dB
> Ratio = 6：1
> Attack =最速
> Release =最速

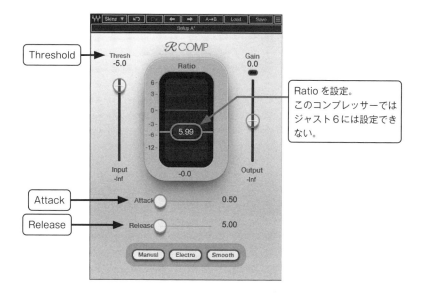

Threshold

Ratio を設定。
このコンプレッサーでは
ジャスト6には設定でき
ない。

Attack

Release

手順3	ゲインリダクションの調整

この状態でキックの音を再生してみよう。

　再生すると、真ん中のところが一瞬、下に膨らむようになる。これは音の圧縮（ゲインリダクション）量をビジュアル的に捉えることができる仕組みで、下への膨らみが大きいほど圧縮量が大きいことを表している。

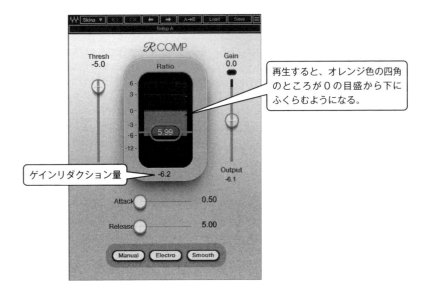

再生すると、オレンジ色の四角のところが0の目盛から下にふくらむようになる。

ゲインリダクション量

　たとえばLogicProX に付属のコンプレッサーでは中央の針がゲインリダクションを表していて、右に振り切っている針が圧縮量にあわせて左に振れるようになる。

LogicProX に付属のコンプレッサー

この針がゲインリダクション量を表している。

　ゲインリダクションが大きく左に振れるほど音を強く圧縮していることになり、そこに書かれた数字が圧縮量を示しているという仕組みだ。前ページに示した Renaissance Compressor の画面では、-6dB くらい圧縮しているということになるわけだ。

　このゲインリダクションが -2dB など圧縮量が少ない状態では音圧が上がらないので、Threshold をさらに下げてゲインリダクションが -5dB を超えるくらいになるように調整しよう。これが手順3となる。

<table>
<tr><td>手順4</td><td>インプットとアウトプットを
そろえる</td></tr>
</table>

　次に、Renaissance Compressor の、インプットとアウトプットのレベ
ルを見てみよう。インプットは -0.3dB となっているがアウトプットは
-6.1dB を指している。これはコンプレッサーが音を圧縮したことによるも
のだが、インプットと同じになるように OutputGain を調整する。

　-6.1 に 5.8 を足せば -0.3 になるから OutputGain を +5.8dB にすれば OK だ。
計算どおりにはならない場合があるかもしれない。その場合は、再生しな
がら OutputGain を微調整して、インプットの値 ±0.5dB くらいに収まる
ようにする。これが手順 4 だ。

> OutputGain+5.8 にすると
> アブトプットはインプット
> と同じになった

＞Attack を調整する

　再生して聞いてみよう。

　コンプレッサーにもよるが、これで音圧が少し上がって聞こえると思う。しかしこれでは本書の方針である"音楽的に音圧を上げる"ことには到達していない。それは Attack ＝最速となっているからだ。

　Attack は AttackTime ともいい、コンプレッサーが圧縮にかかる時間をコントロールするのだが、ここが最速になっているとコンプレッサーはほとんど音の立ち上がりと同時に圧縮してしまうので、第2章で解説したアタック音を必要以上に削ってしまう恐れがある。

　そこで Attack を少し遅くして、アタック成分を残すわけだ。

Attack ＝最速の場合

重要なアタック部分が失われる

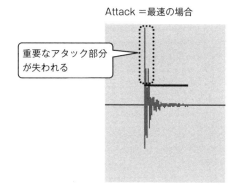

Attack を少し遅くした場合

アタック成分が残る

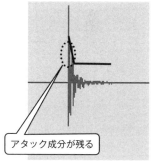

　では、どれくらい Attack を遅くすればいいか？

　これが説明する人によって違っていて、コンプレッサーをわかりにくくしているポイントでもある。

　それもそのはずで、同じキックでも音色が違えばアタックの出方はそれぞれ違うし、また、どういうサウンドを求めているかによっても違ってく

る。そもそもコンプレッサーにはキャラクターがあるので数値を明記したところで同じ結果にはならないことも要因の1つだ。

このように、コンプレッサーの設定は、ある人にとっては正解でもほかの人にとって正解とは限らない。つまり正解はご自身のなかにあるということになる。

そこで本書では、ご自身にとっての正解を導き出す方法を解説しよう。

では、はじめよう。

音を再生しながら最速になっている Attack を少しずつ遅くしていく。このとき、アタック音だけを聞いてそれに続く部分は聞かないのがポイントだ。また、音が大きくなっているかどうかを考えるのも NG だ。

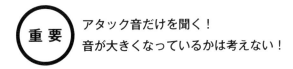

少しずつ遅くしいって、つぶれていたアタック音が回復するところできっちり止める。このポイントがご自身の求める Attack だ。

つぶれているかどうかは、バイパスを ON/OFF してオリジナルと聴き比べるとわかる。わからなくなった場合は Attack を最速に戻してもう一度トライしよう。

何度かやっていくと "アタック音が回復する" という感触がわかってくるはずだ。このポイントより Attack をさらに遅くしてもアタック音は変わらないので、回復するポイントがわからない場合はアタック音が変わらなくなるところと考えてもよい。これが手順5だ。

　本書の素材では Attack = 2.69 でアタック音が回復したが、ここが 10 で
も 20 でもそこが回復ポイントであれば、その素材に対する正解といえる。
画面を見てみよう。

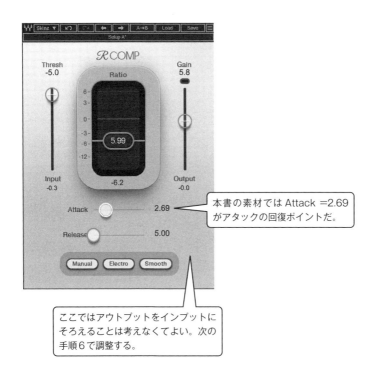

本書の素材では Attack ＝2.69
がアタックの回復ポイントだ。

ここではアウトプットをインプットに
そろえることは考えなくてよい。次の
手順6で調整する。

<table>
<tr><td>手順6</td><td>もう一度インプットと
アウトプットをそろえる</td></tr>
</table>

　Attack の設定はこれで OK だが、アウトプットがインプットより大きくなってしまっている。これは押さえ込んでいたアタック音が回復したことによる結果だが、このままではいけない。

　コンプレッサーを使うときは、インプットと同じレベルでアウトプットするというのがコツだ。

　本書の素材では、OutputGain を 5.8 から 4.3 に下げたらアウトプットがインプットと同じになった。これが手順 6 だ。

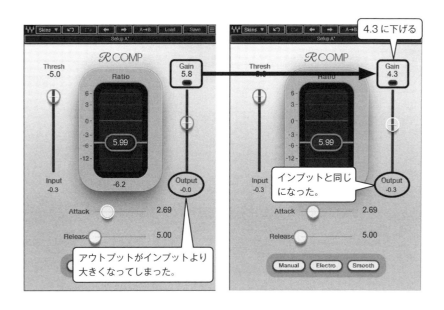

音圧を確認する

　ここでようやく音圧が上がったかどうかをチェックする。

　バイパスの ON/OFF を切り替えて音の違いを聴き比べてみよう。音が少しでも大きくなったとしたら、コンプレッサーによる音圧上げができているということだ。まだこの段階では驚くような音圧の変化は必要ない。"うん、しっかり聞こえるようになった" と感じるくらいで成功だ。

音圧が上がらない場合

　しかし、思ったように音圧が上がらず、かえって小さくなってしまうこともある。それは操作やコンプレッサーが悪いのではなく、そのコンプレッサーがその音に適していないのが原因だ。

　そういうときは、ほかのコンプレッサーを試してみればいい。

　たとえば、ここで使用しているキック音に DigitalPerformer に付属のコンプレッサーで同じことをやってみると次のようになった。

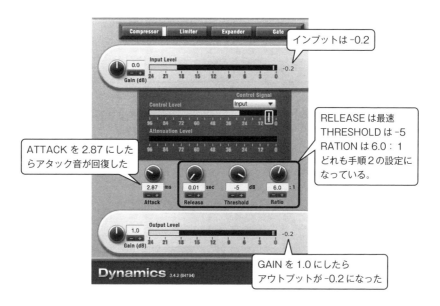

インプットは -0.2

RELEASE は最速
THRESHOLD は -5
RATION は 6.0：1
どれも手順 2 の設定に
なっている。

ATTACK を 2.87 にしたらアタック音が回復した

GAIN を 1.0 にしたらアウトプットが -0.2 になった

　音を聞いてみると、あまり音圧は高くならなかった。それはこのコンプレッサーが悪いのではなく、この素材に不向きというだけだ。

　また、LogicProX などの DAW に付属のコンプレッサーでは、コンプレッサーのタイプを変えられるようになっていることもあるので、それらも試してみよう。

囲んだところでコンプレッサーの種類を変えることができる。

LogicProX に付属のコンプレッサー

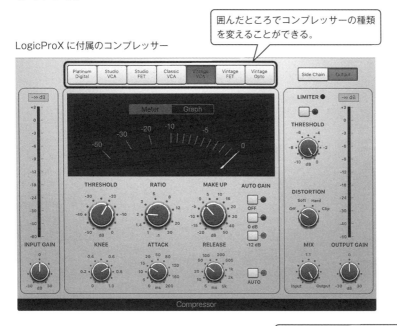

前ページで紹介した同ソフトのコンプレッサーとは別に付属している。

DigitalPerformer 付属の MasterWorks FET-76

さらにほかのコンプレッサーでも試してみよう。

これは Waves 社の CLA-76 だ。このコンプレッサーは Threshold のつまみがない（固定されている）。このタイプはインプットを調整してゲインリダクションが –5dB ～ –6dB あたりを指すように調整すれば OK だ。

Release は最速、Ratio に 6：1 はないので、それに近い 4：1 か 8：1 にすれば OK。

Waves 社の CLA-76

ATTACK と RELEASE は、右いっぱいに回したときが最速。

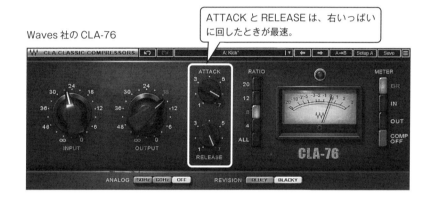

また、このコンプレッサーにはインプットとアウトプットのレベルが表示されていない。こういうときは、次ページ図のように前後にレベルを表示するプラグインを挿せば OK だ。

バイパスの ON/OFF を切り替えて聴き比べてみると、音圧はしっかり上がった。Renaissance Compressor よりも音圧が高いかもしれない。しかし、Renaissance Compressor のほうがイメージの音になっているので、ここでは Renaissance Compressor を使って話を進めよう。この違いがコンプレッサーのキャラクターであり、この選択がご自身の作品をさらにクオリティアップすることにつながるのだ。

音圧上げの手順はまだ続く。

レベルを表示するプラグイン

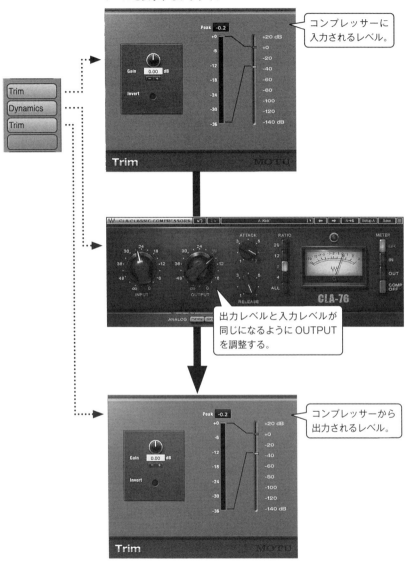

コンプレッサーに入力されるレベル。

出力レベルと入力レベルが同じになるように OUTPUT を調整する。

コンプレッサーから出力されるレベル。

最後に、どれくらい音圧を上げるかを決めよう。

これまでの手順でゲインリダクションは -6.0dB になっているが、これ
は暫定値である。前に説明したとおりゲインリダクションが大きくなるほ
ど、より音圧は高くなる。

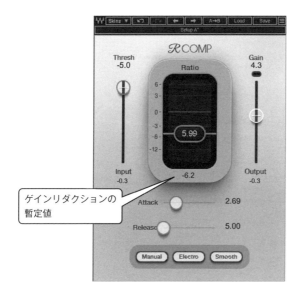

ゲインリダクションの
暫定値

●音圧を上げたい場合

　もっと音圧が欲しいときは Threshold を下げていく。その際、それに伴ってアウトプットが変わってくるので、インプットと同じになるように調整する。これが手順7だ。

　試しに Threshold を -14.0 にしたら、ゲインリダクションが -10.7dB となった。このままではアウトプットが小さいので、OutputGain を 8.2dB にしてインプットとレベルを合わせたら音圧がさらに上がったが、曲のイメージには合わなかったので、前ページの設定に戻した。

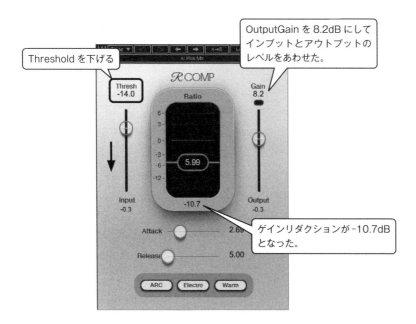

●音圧を下げたい場合

その反対に音圧は少しあればいいという場合は、Threshold を上げてゲインリダクションを少なくすればよい。

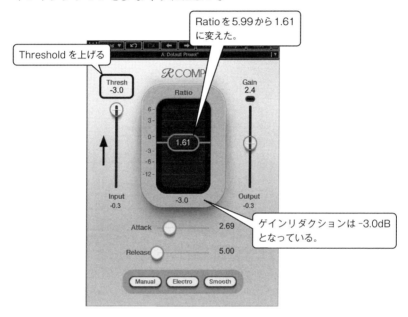

使用するコンプレッサーによって Threshold、Ratio、Gain などのパラメーターは複雑に絡みあっているので、Threshold の値を○○にしたからゲインリダクションは○○になるとは限らない。それがコンプレッサーの個性でもあるが、Threshold を調整してもゲインリダクションを目的の値にできないときは、Ratio や Gain などの調整が必要になることもある。

しかし、いずれにしてもインプットレベルとアウトプットレベルが同じになるように調整することはここでも必須であり、その状態にしてからバイパスの ON/OFF を切り替えてコンプレッサーをかけていない音と聴き比べて音の変化を確認する。

●最終的な音圧調整のコツ

　最初はゲインリダクションをどれくらいにすればよいか、なかなか見当がつかないと思う。

　そんなときはまず、手順3で書いたようにゲインリダクションが -5dB を超えるように調整して、1曲仕上げてみるのがいい。そうすれば1つの基準が生まれる。そこで、できあがった作品を聞いてみて、音圧をもっと上げたいと感じたら、ゲインリダクション量を -7dB とか -8dB など、もう少し大きくなるように調整しよう。

　この基準については第7章でもう一度書くことにする。

　ちなみに6dBの違いは、音量でいえば2倍に相当する。

　つまり60ページ図のようにアウトプットとインプットが同じ値で、Gain を 4.3 にしているということは、アタック部分の音量は変わらないが、それに続く音の部分が2倍弱大きくなっていることになる。

　さらに音圧を上げた61ページ図の設定では Gain が 8.2 となっているので、もとの音量から2倍以上大きくなっていることを示している。

波形を確認しよう

　これでファイルを書き出したのが次の波形**A**だ。真ん中**B**の波形はもとの波形だが、そのアタック音がコンプをかけた波形**A**にも残っているのがわかる。

　一方、一番下の波形**C**は第1章の方法で音圧を上げた波形。こちらのほうが音圧は高いが、アタックの部分が歪んだようになってしまっている。

　第2章で説明したアタック音が音の質感を決める重要なポイントだということを理解したあとでは、ここで説明した音圧上げの手順のほうが、本書の目指す"音楽的に音圧を上げる"という目的にいかに適しているかが、おわかりいただけると思う。

A 音楽的に音圧を上げた波形

アタック音が残っている

B もとの波形

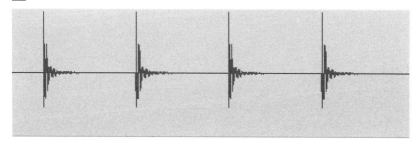

C 第1章の方法で音圧を上げた波形

アタックの部分が歪んだ
ようになっている

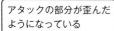

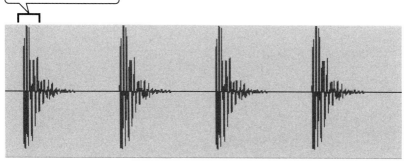

手順のまとめ

コンプレッサーのかけ方は以上だ。手順をまとめておこう。

手順1 ピーク値を -1.0dB から -0.1dB に設定

手順2 コンプレッサーを次のように設定
Threshold = -5.0dB
Ratio = 6：1
Attack ＝最速
Release ＝最速

手順3 ゲインリダクションが -5dB くらいになるように Threshold を調整

手順4 アウトプットがインプットと同じになるように OutputGain を調整

手順5 つぶれていたアタック音が回復するポイントに Attack を設定

手順6 手順4によってアウトプットレベルが変わるので、再度 OutputGain を調整

手順7 欲しい音圧になるように、ゲインリダクションを見ながら Threshold を調整。その際、常にアウトプットレベル＝インプットレベルになるようにゲインを調整

手順は以上だ。次の章では音圧を上げるために必要なイコライザーの使用方法について説明しよう。

第4章

音圧上げのための
イコライザーの使い方

音圧を上げるにはイコライザーも必要だ。イコライザーは帯域ごとに音量を可変できる装置だが、音圧を上げるときには、不要な帯域の音を削るという使い方がメインとなる。その削り方は3段階に分かれる。これらはミキシングに関する領域だが、的確に削除することによって、結果的に音圧を上げることにつながる。

削り方1　不要な帯域を削ってスペースを空ける

　周波数アナライザを使って、キックの周波数分布を見てみよう。

　ここでは Voxengo 社の SPAN を使用して見ていく。画面右上の⚙をクリックすると表示されるウィンドウで、AveTime を 7000 に、Slope を 2.77 に設定しておくと見やすいだろう。

　AveTime は短くすると周波数分布の反応の仕方がすばやくなり、急な変化にも反応するようになる。反対に長くすると反応の仕方がゆっくりとなって再生しているあたりのおよその傾向を示すことができる。不要な帯域を削るにはこれくらいの値が便利だ。一方 Slope は、SPAN が入力信号に対してデフォルトでは高域が敏感に反応するようになっているので、このくらいの値にすることによって低域から高域にかけてフラットな反応をするようになる。

　周波数分布を見ると、左側の低い音域に音が集まっているが、3 KHz あたりにも音があるのがわかる（ ┆┄┄┆ で囲んだ部分）。低いと思っているキックには、意外と高い音も混ざっているものなのだ。

　この高い成分も含め、全体でキックの音になっているので不要というわけではないが、この高い帯域は、ほかの高音域を担当する楽器用に空けておく。このときに必要なのがイコライザーなのだ。

　もしここを空けておかなければ、あとでギターなど、ほかの高音域を担当する楽器とこの帯域を奪いあうことになってミックスがうまくいかないばかりか、最終的に音圧を上げようとしたときに音が濁ってしまいやすくなってしまうのだ。

　このイメージはこうだ。

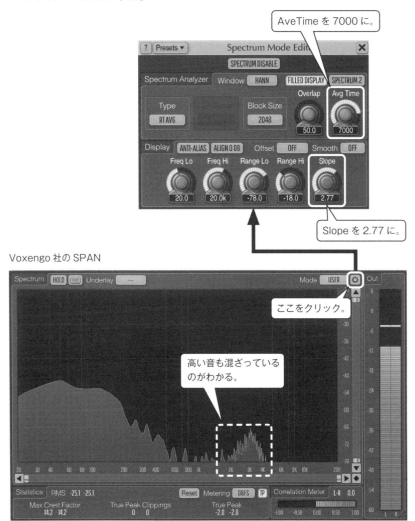

AveTime を 7000 に。

Slope を 2.77 に。

Voxengo 社の SPAN

ここをクリック。

高い音も混ざっているのがわかる。

イラストのように、焼き鳥を容器に詰める様子を想像してほしい。

　串に刺さしたままのほうがより焼き鳥らしいが、串（キックの高い成分）を外したほうが、空いたスペースに、メインとなる肉やねぎ、つくねといった焼き鳥の具材（いろいろな楽器の音）をよりたくさん詰められる（つまり音圧が上がる）。

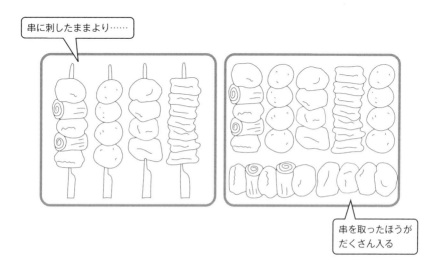

串に刺したままより……

串を取ったほうが
だくさん入る

　このように、その曲のなかでそのパートの存在をどの帯域で主張させるかを考えてイコライザーを操作するのが1つめの削り方だ。

　ただし、焼き鳥の串と違って、音の場合はバッサリ削除しないほうが、もとの音の質感を保てる。音は6dB小さくなると半分の音量に聞こえるので、それくらいを目安にカットするのがよい。先ほどのキックの素材では、右図のようにイコライザーを設定するとうまくカットできた。

　こうして多少の楽器らしさを削ったとしても、その空いたスペースにほかの楽器が気持ちよく入るなら、全体としてはそのほうがうまくいくというわけだ。

また、ここではキックを例に高い帯域をカットする方針で説明したが、たとえばキックは高い帯域で主張させて低い帯域は何かほかの楽器のために空けておくという方法も、作品や目指す音色によっては正解だ。

周波数アナライザーには反応しないほど少しだが、この帯域にも音は存在する。この帯域はハイハットやギターなどのために空けておく。キック以外にもベースなどの低音楽器はこの帯域を削除してほかの楽器のために空けたほうがよい。

周波数アナライザーを見ながらポイントを決める。

削り方2 　超低音を削る

　曲のなかの一番低い帯域は一般的にはキックが担っていて、大体 40Hz から 100Hz のあたりにある。

　しかし実際の楽器の周波数成分を見てみると、もともと低域を主成分としたキックやベースは当然ながら、ギターなどほかの楽器にも、40Hz より低い成分が含まれていることがある。ハイハットではペダルを踏んだときの振動音が低音域に含まれていることもある。

　いくら低音が好きといっても、キックより低い 40Hz 以下の音は、もはや音楽上の音ではないうえに、その帯域に音があると、サウンド全体を曇った感じにしてしまう。よってこの帯域はすべての楽器でバッサリとカットして OK だ。ただし、キックが出すこの帯域の圧力感は曲の中では大切な要素となるのでカットのポイントを少し下げて 30Hz 以下をカットする。

　キックにこのイコ
ライザーを施すと、
右図のようになる。

削り方3　不快なピークを削る

　音には不快な音が混ざっていることがある。そのままではわかりにくいが、良い音を目指すためには、ほんの少しでも不快な成分はカットしておきたい。そこで、イコライザーを使って不快な音を探してカットする方法を解説しよう。

　図のようにイコライザーを設定して、音を聞きながら周波数をゆっくり上げていく。このとき、周波数アナライザーを見ながら上げていくとわかりやすい。

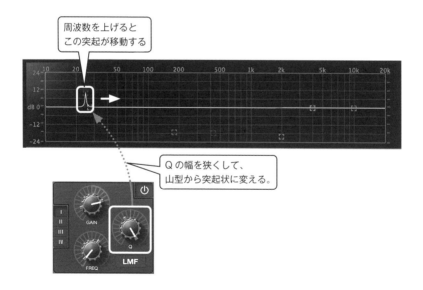

周波数を上げると
この突起が移動する

Qの幅を狭くして、
山型から突起状に変える。

　周波数を徐々に上げていくと、あるところでキックには不要としか考えられないような音が聞こえることがある。ドラムセットのメカニック的な

音だったり、録音状況によるものだったりと、その要因はさまざまだ。

　たとえば本書のキックではこの場所で“ポン”というようなピンポン球が床で弾んだような音が聞こえた。

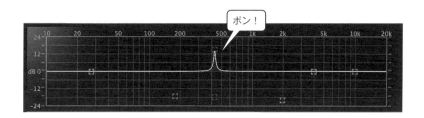

　音だけではなく、周波数アナライザーを見ながら確認するとわかりやすい。

周波数アナライザー

　不要なピークを探すときには、AveTime の設定を 2000 くらいにすると反応が早くなって見やすくなる。

AveTime を 2000 くらいにする。

ここをクリック

　不快な音の周波数が特定できたらイコライザーのバイパスの ON/OFF を切り替えて聞いてみよう。ON にしたときに聞こえた不快な音が OFF にしても聞こえるようになると思う。これまで気づかなかったことが不思議なくらいだ。

　あとは、Gain をマイナスに設定すればよい。バイパスの ON/OFF を切り替えながら、OFF では聞こえるけど ON では気にならないというポイントまでマイナスすれば OK だ。カットしすぎるともともとの音が変わってしまうので注意が必要だ。

　またこの不快な音は、あれもこれもとあまり取りすぎると、もともとの音がいつの間にか変わってしまう。それで私も失敗したことがあるのだが、バイパスの ON/OFF を切り替えて確認しながら、神経質になりすぎない程度に削除しよう。

　本書のキックでは、左図で示したポイントのほかにもそういうポイントがあったので、そこもカットした。

これまでの削り方1〜3をあわせ、このようにイコライザーをかけて終了だ。

キックの音圧上げをコンプレッサー、そしてイコライザーの順に説明してきたが、実際はイコライザーを先にかけて、その音に対してコンプレッサーをかけたほうがいい。

　というのはイコライザーで不要な部分を削って必要音だけにして、その音に対して的確にコンプレッサーが動作するほうがよいからだ。先にコンプレッサーをかけると、不要な部分がトリガーとなってコンプレッサーを動作させてしまう可能性がある。

　音圧上げに慣れてくればイコライザー、コンプレッサーの順番に調整すればよいが、先にイコライザーを使うとアタック音のある帯域をイコライザーで持ち上げたりカットしたりした場合に、コンプレッサーが期待どおりに動作しない可能性がある。コンプレッサーの動作を音で確認しながら覚えるときにはイコライザーはかけないほうがよいので、本書ではこの順番で説明することにした。

第**5**章

楽器ごとのイコライザー、
コンプレッサー

この章では、本書の説明のために用意した曲の１つひとつの楽器につい
てイコライザーとコンプレッサーをどのように使ったかを解説する。基本
的な考え方と方法は第３章、第４章で説明したとおりだが、これまでの内
容の応用やバリエーションとなっているので参考にしていただきたい。素
材はこれまでのキックを除いた、スネア、ハイハット、タンバリン、ピアノ、
ギター３本、ストリングス、ボーカルだ。

スネアの音圧上げ

　スネアに使ったプラグインは右図のとおり。

　設定を見てみよう。
　イコライザーで低域をバッサリとカットしている。もうちょっと高い位
置でカットすると芯がなくなってしまう。その直前のポイントがここだっ
た。
　コンプレッサーは、Renaissance Compressor ではあまり音圧を稼げな
かったので CLA-76 を使った。ゲインリダクションは -10dB。これより多
くリダクションすると音が崩れてしまうので、これがギリギリだった。
　コンプレッサーの次に Waves 社の OneKnobDriver を使った。これは音
を歪ませるプラグインだ。歪ませるといえばギターが真っ先に思い出され
るが、それ以外の楽器でも歪ませることがある。ただしここでいう“歪み”
というのは、調整する本人にしかわからない程度で、少しのコンプレッサー
効果と倍音が付加されてスネアが目立つようになる効果をねらっている。
キャプチャの目盛りはほとんど“ゼロ”を指しているが、実はちょっとだ
け回して“0.1”にしてある。

最上段と最下段の Trim は、レベルをチェックするためのもの。

低域をバッサリとカットした

Trim
MW Equali...
CLA-76 (s)
OneKnob...
Trim

コンプレッサー　CLA-76

Waves 社の OneKnobDriver

ゲインリダクション

音を歪ませるプラグイン

0.1 に設定。
歪ませる程度は好みで決めればよいが、ここでは 0.1 でも目的とする歪みが得られた。

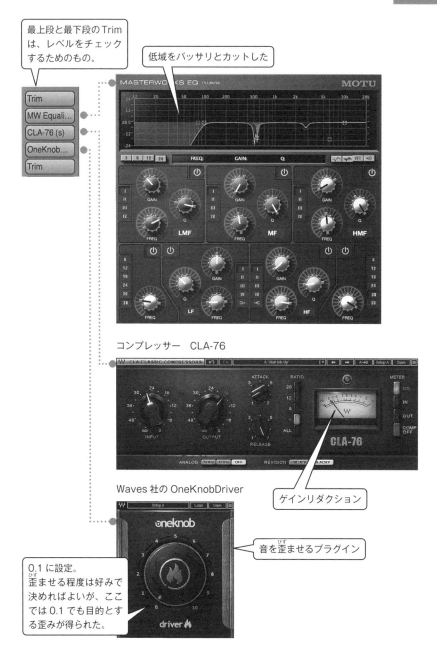

ハイハットの音圧上げ

ハイハットに使ったプラグインは次のとおり。

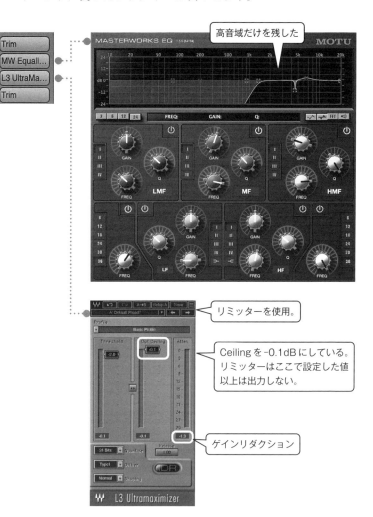

高音域だけを残した

リミッターを使用。

Ceiling を -0.1dB にしている。
リミッターはここで設定した値
以上は出力しない。

ゲインリダクション

設定を見てみよう。

イコライザーは高音域だけを残してそれより低い帯域は全部カットしている。かなり思い切ったカットといえる。

いくつかコンプレッサーを試したが音圧がほとんど上がらず、リミッターを使用している。ハイハットの"チチチ"のように、もともと短い音の場合はコンプレッサーでは音圧を上げにくい。そういうときは、このようにリミッターを使うとよい。

また、リミッターの右に表示されているのがゲインリダクションだが、ここが-1.9dBを指している。つまりあまり音圧を上げていない。迫力のあるハイハットというのは聞いたことがないと思うが、こういった音の音圧を上げるとうるさくなるだけだ。

あるいは、コンプレッサーがかかりにくいような短い音では音圧上げをおこなわないという選択肢もある。仕上がりの音圧にはあまり影響しない。

Ceilingの働きは次のイラストでイメージをつかもう。

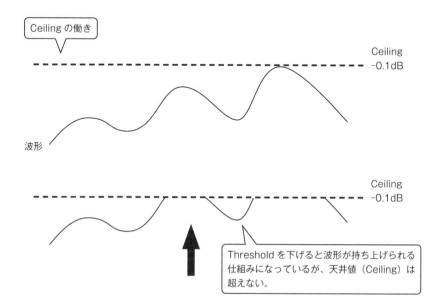

Ceilingの働き

波形

Ceiling
-0.1dB

Ceiling
-0.1dB

Thresholdを下げると波形が持ち上げられる
仕組みになっているが、天井値（Ceiling）は
超えない。

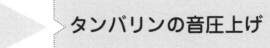

タンバリンの音圧上げ

　タンバリンに使ったプラグインは次のとおり。

　イコライザーもリミッターもハイハットと同じ考えだ。どちらも似た帯域にあるので、ミックスのときには左右で対にする予定だ。

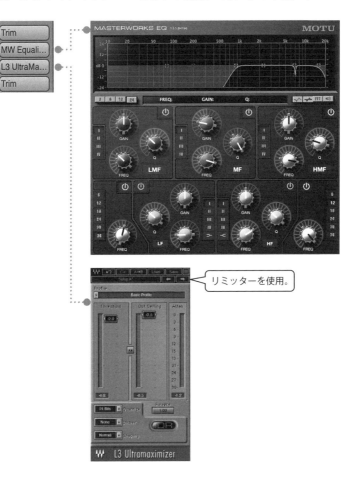

リミッターを使用。

ベースの音圧上げ

　ベースに使ったプラグインは右図のとおり。

　設定を見てみよう。

　イコライザーでは不快なピークが1カ所あったのでそれを削った。また、低音側を削ってキックのためのスペースを空けた。ベースだけで聞くと少し低音不足に聞こえるが、不足と感じるところはキックが補ってくれる。

　コンプレッサーは、Renaissance Compressorの効きがとてもよい。このベース音とよほど相性がいいのだろう。ゲインリダクションは-7.5だが、これで十分すぎるくらいの音圧が出た。

低音側を削ってキックのためのスペースを空けたが、ここは場合によってはカットしないこともある。それについては第6章「音圧が上がる2mixをつくる」で解説する。

不快なピークを削った。

コンプレッサー
Renaissance Compressor

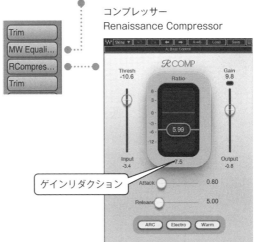

ゲインリダクション

ピアノの音圧上げ

ピアノに使ったプラグインは次ページ図のとおり。

設定を見てみよう。

　周波数分布を見るとわかるように、200Hz ～ 3KHz あたりの帯域を残して、それ以外の帯域は大幅にカットしている。カットした帯域は他のパートに任せる代わりに、この帯域はピアノにしっかりカバーさせる計画だ。

周波数アナライザー

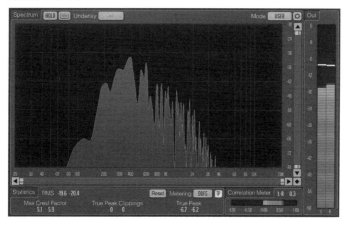

　コンプレッサーは Renaissance Compressor でも音圧は得られたが、聴き比べた結果、CLA-76 のほうが質感が良かったのでそちらを使うことにした。ゲインリダクションは図にもあるように -5dB くらい。

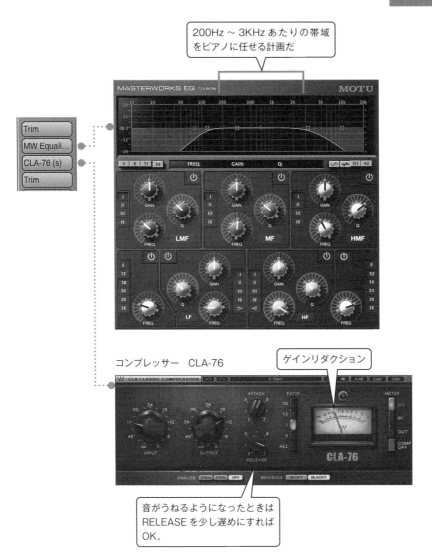

200Hz ～ 3KHz あたりの帯域
をピアノに任せる計画だ

コンプレッサー　CLA-76

ゲインリダクション

音がうねるようになったときは
RELEASE を少し遅めにすれば
OK。

ギター1の音圧上げ

　ギター1はクリーントーン系のエレキギターだ。使用したプラグインは次ページ図のとおり。

　設定を見てみよう。

　Scheps73は有名なミキサーをモデリングしたエフェクターだ。スネアで使ったOneKnobDriverのように、クリーントーンのギターを少し歪（ひず）ませて、コンプレッサー効果と音を目立たせる効果をねらっている。OneKnobDriverとは少し違った歪み感だ。

　イコライザーでは低域をカットした。バンドサウンドのなかでギターを使うときには、このように低音域を空ける方法は定番となっている。

　コンプレッサーはCLA-76。

　クリーントーンではなく歪みが強いギターは、その時点で音圧はすでに上がっている状態だ。その音圧をさらに上げるには本書で基本としてきたゲインリダクション＝-5dB、Ratio＝6：1ではなく、たとえばゲインリダクション＝-10dB、Ratio＝20：1などもっと積極的な設定が必要になる。

⬇クリーントーンのギターの波形
（ロングトーン）

⬇歪み形のギターの波形

クリーントーンのギターに比べて音量の変化が少ない。第1章の「音圧が上がる仕組み」を見るとわかるように、音量の変化が少ない素材は音圧を上げにくい。

←さらに歪みが強いギターの波形

ここまで歪んでいると音圧はこれ以上ほとんど上がらない。

Scheps73

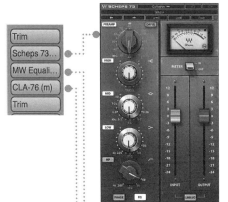

コンプレッサー　CLA-76

ゲインリダクション

ギター２の音圧上げ

　ギター２はアコースティックギターのストロークだ。使用したプラグインは次ページ図のとおり。

　設定を見てみよう。

　イコライザーは低域をかなりカットしている。

　コンプレッサーは本書で音圧を上げるときの基本と書いてきた６：１では不自然さが目立ったので、少し抑えめの４：１にしてある。また Attack は 13.2 とこれまでより遅めだ。これくらいでようやくピックが弦にあたるときのカリっというアタック音が回復した。

低域をかなりカットした。

コンプレッサー
Renaissance Compressor

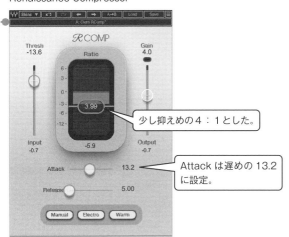

少し抑えめの4：1とした。

Attack は遅めの 13.2
に設定。

ギター３の音圧上げ

　ギター３はクリーントーン系のエレキギター。使用したプラグインは次ページ図のとおり。

　設定を見てみよう。
　ギター１と同じく Scheps73 を使って少し歪(ひず)ませている。
　イコライザーでは、不快なピーク音が３カ所あったのでそこをカットしている。また、高音域がきつく聞こえる傾向にあったので、こちらも削除している。

Scheps73

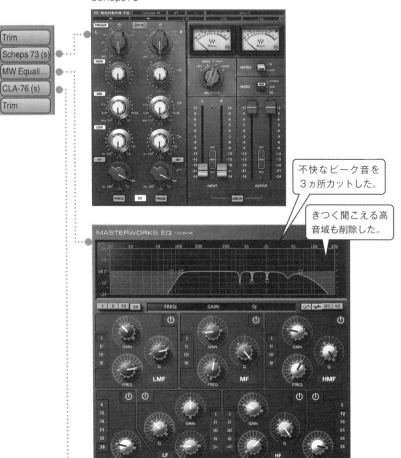

不快なピーク音を
3ヵ所カットした。

きつく聞こえる高
音域も削除した。

コンプレッサー　CLA-76

ストリングスの音圧上げ

　この曲のストリングスは、コードの音を伸ばしつつ簡単なメロディを演奏している。ストリングスの豊潤な響きは全帯域にわたっていて、本来はどの帯域も削りたくはないが、このようなバンド系のサウンドのなかでは、飽和しがちな中音域を避けてポイントを高音域に絞る方法が賢明だ。そもそも中音域以下には音を入れないアレンジにしてある。

　使用したプラグインは次のとおり。

コンプレッサー　CLA-76

　中音域以下に音符は入っていないのだが、実際には音が存在したのでイ
コライザーでカットしている。

イコライザーで削る前

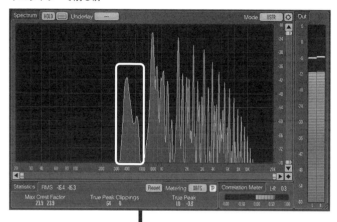

イコライザーで削ったあと

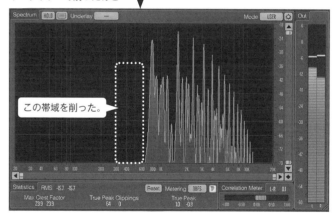

この帯域を削った。

　コンプレッサーのゲインリダクションは −3dB くらいを指している。ス
トリングスの音の性質は歪み系のギターと似ていて音圧を上げにくい。
(「ギター1の音圧上げ」〔88ページ〕参照)また、ストリングスは特に
音圧を高く聴かせたいわけではないので、このくらいで十分だ。

ボーカルの音圧上げ

　ボーカルの音圧上げは、ほかの楽器に比べ工程が１つ多くなる。

　まずは通常と同じようにイコライザーとコンプレッサーをかける。使用したプラグインは次ページ図のとおり。

　低音域をカットするのはこれまでどおり。録音の仕方にもよるがボーカルは一般的に200Hz あたりが多いとこもった感じに聞こえるので、ここもカットしている。高音域で２カ所持ち上げているところがあるが、ボーカルではこのあたりを持ち上げると輪郭が出てくる。持ち上げるポイントは歌手や録音状況によっても異なるので、実際に音を聞きながら調整すればよい。

　真ん中にはディエッサーといって、必要以上に目立ってしまう"さ・し・す・せ・そ"の子音"s"を抑えるエフェクターを使っている。ｓ音の周波数に反応するコンプレッサーと考えてよい。ｓを発音したときだけにリダクション（画面のAtten）がかかるようにThresholdを調整すればOKだ。

　コンプレッサーはRenaissance Compressorでも十分な効果があったが、CLA-76のほうが音の感じがイメージに近かったので、こちらを使うことにした。また、ボーカルの場合は歌詞が聞き取れなければならないので、コンプレッサーもその点に気をつけて設定する必要がある。次の工程で細かく設定するので、ここでの深追いは無用だ。

ディエッサー

子音 " s " を抑えるエフェクター

コンプレッサー　CLA-76

ボーカルの場合、コンプレッサーだけに頼らず、ボリュームオートメーションを使って歌詞を聞き取りやすくする工程が必要になる。

ボリュームカーブを細かく書き込む

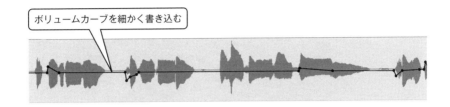

　聞きやすくするということは、単にボリュームカーブで音量をそろえるということではなく、歌詞やフレーズを考えながら念入りな調整が必要になる。曲全体をざっくりミックスして再生し、

　①言葉が聞き取りにくいところはないか
　②表現上強く（弱く）したいところはないか

この2点について確認する。つまり自分がこの歌を歌ったとして、あるいはリスナーとして聴いたときに〝いい感じに聞こえるか？〟という観点から判断して、理想の聞こえ方になるようにする。
　たとえばこの波形の最初のかたまりのところには、〝どこへ行く〟という言葉が入っているのだが、〝こ〟の音量をあげてしっかり聞こえるようにしている。

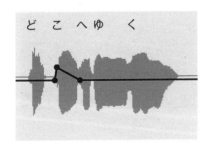

　また中ほどの"しおかぜの"のところでは、コンプを使っても"か"が聞き取りにくかったので、少し持ち上げている。

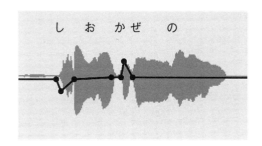

しおかぜの

　また、部分的にバックの音が大きいところでは、それに負けないようにボーカルの音量を上げるのは避けなければならない。曲全体で見たときにそこがピークとなって、第7章のリミッターで音圧を上げる際に、その部分にだけノイズが乗りやすくなってしまう。もちろんノイズを混入させてはならないので、結局はリミッターを控えめに設定せざるをえなくなり、曲全体の音圧が下がってしまう。

　ご自身のアレンジ曲であれば、盛り上げるのはボーカルに任せてバックのアレンジを薄くすることを考えるとよい。あるいはバックの盛り上げる部分がシンバルのクラッシュだったり、ギターのストロークだったりと瞬間的なものであれば、そういった音はボーカルと重ならないように1拍程度前にずらすなど、ピークを集中させないアレンジも有効だ。

　ここまでできれば各パートの音圧上げは完成だ。

　次はミキシングの作業に入る。音圧上げを見据えたミキシングについて、次の章で解説しよう。

第6章

音圧が上がる2mixをつくる

大きく聞こえる 2mix とは？

　周波数帯域を考えながらミキシングすると音圧を感じやすくなるので、その点について解説しよう。

　たとえば、次のような周波数分布では、RMS 値（次章で解説する）が適度にあっても音は大きく聞こえない。

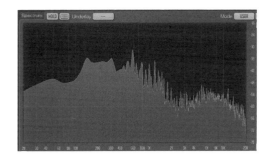

　一方、次の図で囲んだ帯域にしっかりと音があれば、音圧があるように聞こえる。

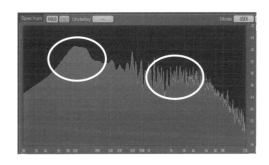

　左側はキックやベースの帯域。右側のほうはさまざまな楽器が入ってくる可能性があるが、この2カ所に音がしっかりとあると音圧が高く聞こえる。

　また、右の帯域をもっと大きくすれば音圧はさらに高くなるが、この帯域はそもそも聞こえやすいので、これくらいで十分に聞こえる。一方、低域はこれくらい大きくなければしっかり聞こえない。これは人間の耳の特性による現象だ。

　つまり、ミキシングをするときには、SPANなどを使って周波数分布を確認しながら、冬の天気図のような西高東低型をイメージしてミックスするのがよいというわけだ。

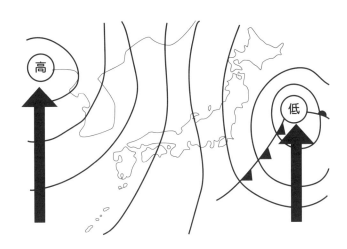

低音成分の少ない 2mix の場合

　キックの音にもベースの音にも低音成分が少ない場合、周波数分布は次のようになる。

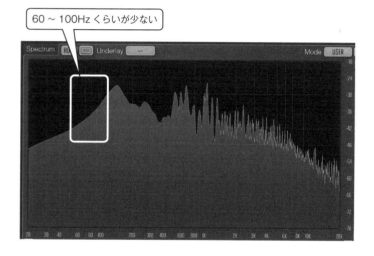

60 ～ 100Hz くらいが少ない

　これでは音圧は上がらないので、2mix ファイルではなく第 5 章「楽器ごとのイコライザー、コンプレッサー」に戻ってキック、もしくはベースのイコライザーを見なおす必要がある。

　このとき、キックとベースの両方でこの帯域を満たそうとすると、この帯域はすぐに飽和状態となって輪郭がはっきりしないサウンドになるので、どちらか一方でこの帯域をカバーするようにする。キックのほうが軸となる周波数が低いので、通常はキックがこの帯域を満たすように調整するが、たとえばキックはビーター音の高い音を中心に据えて、低い帯域は

ベースに任せる場合は
ベースの低域はカットし
ない。場合によってはイ
コライザーで持ち上げて
ブーストするのもアリ
だ。

ただし、イコライザーはその帯域にそもそも音がなければ効果がないの
で、すでに低音処理されたサンプリング音源やシンセベース系では効果が
あまり出ないこともある。その場合はサブベースのトラックを作ったり、
Waves社のRenaissanceBassのように低音を付加するプラグインを使った
りすることでしっかりした低音を作ることができる。

◉サブベースを追加する

この楽譜のようにベースラインをオクターブ下で重ねる。このとき、サ
ブベースの音色は、シンセサイザー音源を立ち上げて倍音の少ない音色を
選ぶ。プリセット音色にSubBassがあればベストだ。

◉低音を付加するプラグイン

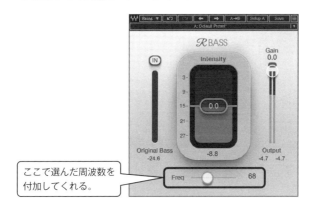

ここで選んだ周波数を付加してくれる。

　たとえば、100Hz以下の成分がほとんどない素材でも、このように付加することができる。

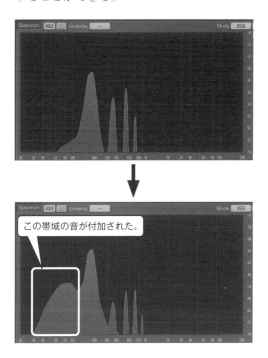

この帯域の音が付加された。

●アレンジでの工夫

　また、アレンジ面から見ると、次のような曲ではキック音が聞こえる回数が少なく、たとえ低域がしっかり出ているキックであっても音圧は上がりにくい。こういった場合には、キックは抑え目にしてベースに低域を任せたほうが音圧は上がって聞こえる。

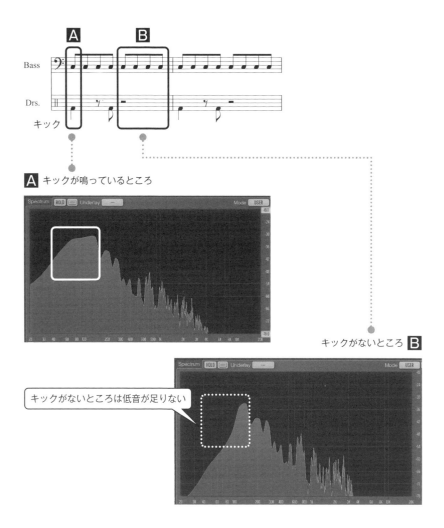

A キックが鳴っているところ

キックがないところ B

キックがないところは低音が足りない

ベースは8分音符で刻んでいるので、ベースがこの帯域をカバーするように調整すると、低域が常に満たされるようになる。

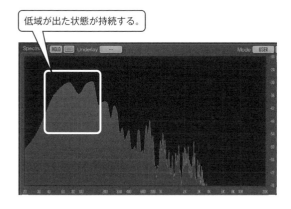

つまり、音圧はアレンジの段階で音圧を上げやすくすることが可能だということだ。もちろん、音圧のためにアレンジを変えるのは邪道かもしれないが、この考え方を覚えておいても損はないだろう。

　またこのことは、言い換えれば、アレンジそのものを次のようにすればベースに頼らなくても音圧が上がりやすい曲になるということを示している。

バウンスする

　理想的な周波数分布になったらバウンスするが、レベルオーバーには気をつける。この曲のように10パートくらいであれば、各フェーダーの位置はこのくらいまで下がることになるだろう。もっとパート数の多い曲であれば、フェーダーの位置は全体的にさらに下がる。

　2mix したあとで音圧を上げるので、マスターの値はきっかり -0.1dB にしなくてよい。

-3dB 以内であれば OK。
0.0dB を超えてはいけない。

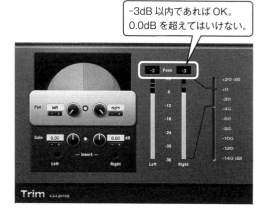

できあがった 2mix ファイルが以下の波形**A**だ。

A 1つひとつのパートの音圧上げをおこなってから作成した 2mix ファイル

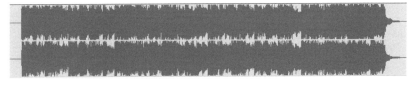

まだ波形は密にはなっていないが、楽器ごとの音圧上げをしていない 2mix の波形が次のとおりなので、それに比べれば、芯のある感じが見た目にも伝わってくる。

B 何もせずに作成した 2mix ファイル

さあ、次の章でこの 2mix ファイル**A**を使って音圧の最終仕上げをおこなおう。仕上げ後の波形はこのようになる。

C 音圧の最終仕上げをした波形

第 **7** 章

2 mix の音圧上げ

この章では、2mix ファイルを対象とした音圧上げの方法を解説する。前章までに解説した工程を踏んで、1つひとつのパートの音圧上げを完了してからこの章に入った方は、間違いなく十分な音圧を得られる。

　また、2mix ファイルしか用意できない場合にはプロの作るような音圧にはならないが、本章の方法をおこなえば、音圧が低くて困るということにはならないだろう。

　2mix ファイルは、これまでの DAW ファイルに読み込むのではなく、新しく専用のファイルを作ってそこに読み込んだほうがスッキリするのでおすすめだ。そうして読み込んだ 2mix ファイルに、次の順番で各プラグインを配置する。

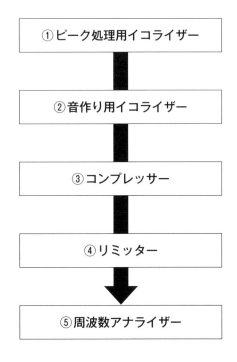

　本書では次のプラグインを使っている。

①ピーク処理用イコライザー

②音作り用イコライザー

③コンプレッサー

④リミッター

⑤周波数アナライザー

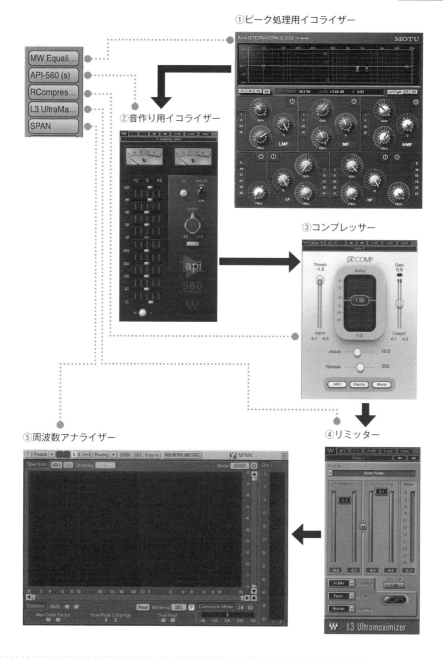

では1つひとつ見ていこう。

プラグイン
①

ピーク処理用イコライザー

　最初のピーク処理用のイコライザーは、第4章でも解説した不快なピーク音を削除するために使う。それぞれのパートでもピーク処理をおこなってきたが、2mixに対してもこれをおこなう。方法はこれまでと同じで、Qの幅を狭くして、帯域の低いほうから高いほうへゆっくり動かしながら不快なピークがないかをチェックする。本書の曲では2カ所で見つかったのでそこを削除している。

　不快なピークを消すことばかりに気を取られて必要な音がなくなってしまわないように、バイパスのON/OFFを切り替えて確認しながら慎重におこなう。

2カ所の不快なピーク
を削除した

　次の音作り用のイコライザーは、曲全体のキャラクターを調整するために使う。その際、最下段に配置した周波数アナライザーを見ながらがおこなうとよい。

　前章でミキシングしたときにバランスは取っているが、もう一度念入りに低音が十分にあるか、高音域が必要以上に出ていないかなど、確認しよう。手本となるリファレンス曲があったらそれと聞き比べるのもよい。

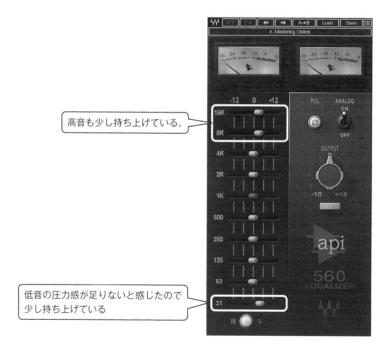

高音も少し持ち上げている。

低音の圧力感が足りないと感じたので
少し持ち上げている

ここで使うイコライザーについて、もう１つ重要なことがある。それは、コンプレッサーと同じように

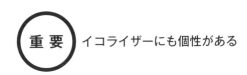

重 要　イコライザーにも個性がある

ということだ。

　たとえば音を明るくしようと高音域を上げたとき、あるイコライザーではキリッと明るくなり、別のイコライザーではカラッと明るくなるなど、文字ではうまく説明できないが、イコライザーによって確かに音の傾向が変わる。なかにはイコライザーを挿しただけで音が変わるという場合もある。

　私がよく使うイコライザーに NomadFactory 社の Pulse-Tec EQ というプラグインがある（下図参照）。この曲でも最初はこちらを試したが、前ページで紹介した API560 のほうがイメージの音になった。

NomadFactory 社の Pulse-Tec EQ

コンプレッサー

　次のコンプレッサーはガッツリ音圧を上げる前の助走のようなもので、薄くかけるのが基本。第3章に書いた設定をそれぞれゆるくする。

Threshold ＝ゲインリダクションを見ながら設定
Ratio = 1.5：1 〜 2：1
Attack = 10 〜 100
Release = 200

　Release を 200 に固定し、Ratio、Attack、Threshold の3つはゲインリダクションが -1dB から -2dB になるように設定する。このとき、アタック音を削ってしまわないように注意しながら、Ratio は 1.5：1 〜 2：1 の範囲で 2：1 に近い値を、Attack は 10 〜 100 の範囲で 10 に近い値を目標とする。

　OutputGain はインプットと同じレベルになるように調整するのはこれまでと同じだ。

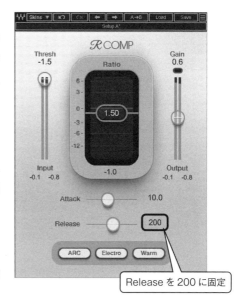

Release を 200 に固定

ここではコンプレッサーは薄くしかかけていないので、音はあまり大きくはならない。少し質感がしっかりするくらいでOKだ。仮に最終的な音圧を10と考えたとしたら、これまでの設定で得られる音圧は3〜4くらい、せいぜい半分の5くらいのイメージだ。残りの音圧上げは次のリミッターでおこなう。

　ここで使うコンプレッサーには、マルチバンドタイプのコンプレッサーもおすすめだ。マルチバンドタイプコンプレッサーについては、この章の最後にまとめて解説している。（➡125ページ参照）

プラグイン④　リミッター

　いよいよ音圧上げの最終段階だ。リミッターを使って音圧をしっかり上げよう。

　本書冒頭にも書いたようにリミッターと似たものに、マキシマイザーというプラグインがある。リミッターでも音圧は上がるが、マキシマイザーと銘打ったプラグインのほうが音圧をより稼げるように設計されているので、できればマキシマイザーのほうがいいだろう。本書ではハイハットの音圧上げでも使ったWaves社のL3 Ultramaximizerを使って説明することにする。

Waves 社の L3 Ultramaximize

Threshold 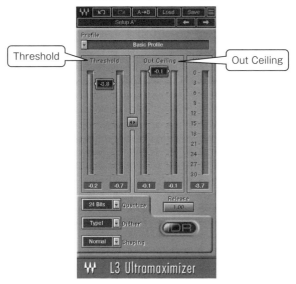 Out Ceiling

　ここでの設定は難しいものではない。レベルオーバーさせないよう、Out Ceiling を -0.1dB に設定したら、あとは Threshold を必要な音圧になるまで下げればよい。下げれば下げるほど音は大きくなっていく。しかもいくら大きくしても Out Ceiling で設定した以上のレベルにはならない。これがリミッター（マキシマイザー）の効果だ。

　しかし実際には、Threshold は -7.0dB あたりを境に音に歪みが加わってしまうので、いくらでも大きくできるわけではない。また "必要な音圧" = "歪まない限界の音圧" でもない。

　では、必要な音圧というのはどれくらいのことをいうのだろう。

　それを客観的に捉えるには RMS 値を調べる。

RMS 値を調べる

　ピーク値が瞬間の最大値を表すのに対して、RMS 値は一定区間の平均の値を表す。ピーク値より RMS 値のほうが実際に聞こえる音量を表すといわれている。

　次の 2 つの波形を比べて、RMS 値のイメージをつかんでおこう。

↓ RMS 値のイメージ

ピーク値はどちらも 0.0dB だが、一定区間の平均を表した RMS 値は上のほうが大きい。実際の音も上のほうが大きく聞こえる。

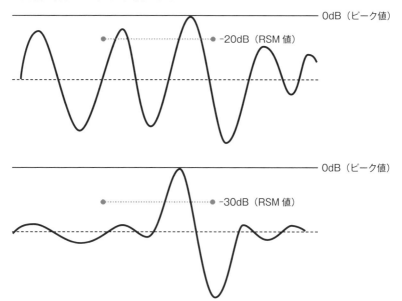

　RMS値を調べる方法はお使いのDAWによってさまざまだと思うが、ここではこれまで使ってきたSPANを使う。

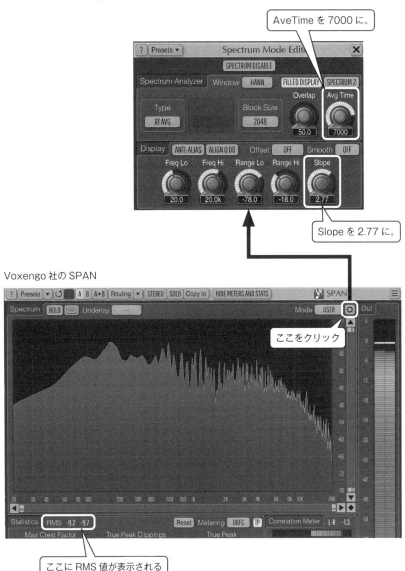

AveTime を 7000 に。

Slope を 2.77 に。

Voxengo 社の SPAN

ここをクリック

ここに RMS 値が表示される

サビなど、曲のなかで一番音量の大きいところの RMS 値が、前ページの図のように -10dB を超えて -9dB に近づけば、一般的にその曲の音圧は十分に大きいといえる。ただし、プラグインによって RMS 値の計算方法が異なるため、ご自身が目指す曲（リファレンス曲）の RMS 値と比べよう。

　ピーク値と違って RMS 値は刻々と変わるが、本書の曲は Threshold を -3.8dB にしたところで SPAN の RMS 値が -9.2dB となった。このくらいでちょうどいい。

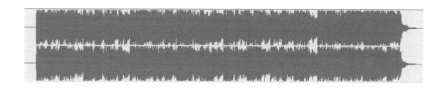

　もう少し Threshold を下げて -5dB くらいにしても歪んだ感じにはならず、RMS 値は -8 台になり、波形はこのようにさらに密になった。

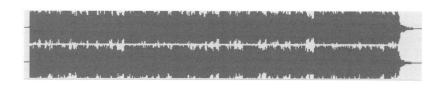

　リファレンス曲と同じくらいの RMS 値になるまで Threshold を下げても同じくらいの音圧に聞こえない、あるいは音圧はあっても音が歪んでしまうという場合には、2 つの原因が考えられる。
　1 つは周波数のバランスだ。低域が足りていても、高音域がある程度なければ音は大きく聞こえない。たとえば次のように音圧を感じやすいこの帯域が足りていなかったら、リミッターより手前にイコライザーを使ってその帯域を補正する。

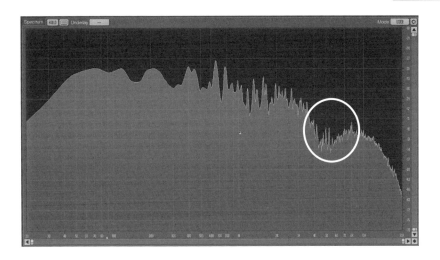

イコライザーでこのように補正すればOK。

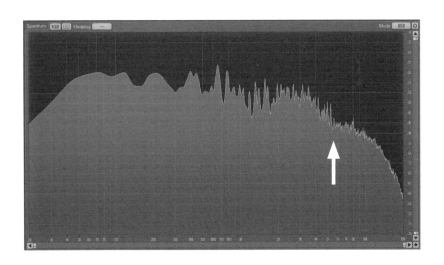

　あるいは思い切って第6章の2mixに戻って、西高東低型を意識しながらもう一度ミックスしなおすのもよい。

また、周波数バランスに問題がない場合には、各パートにかけたコンプレッサーの設定から見なおさなければならないが、決してここまでの操作が無駄になったのではない。というのも、ここまででご自身のなかに1つの基準が生まれているはずだからだ。

　たとえば本書では、キックの素材に対してゲインリダクションが -6.2dB になるように設定して確かに音は大きくなった。これが基準となる。

　パラメーターをこの基準から少し変えて、もう少し大きく聞こえるように調整しよう。その際、たとえば Waves 社のプラグインであれば、Setup B を使ってパラメータを調整すれば、調整前の Setup A とクリック1つで簡単に聴き比べられるので、音が大きくなったかどうかがわかりやすい。詳しい操作方法はプラグインのマニュアルなどで確認しよう。同様の機能がなくてもトラックをコピーするなど工夫をすれば、聴き比べることができるだろう。もちろん、ほかのコンプレッサーを試してみるのも有効だ。

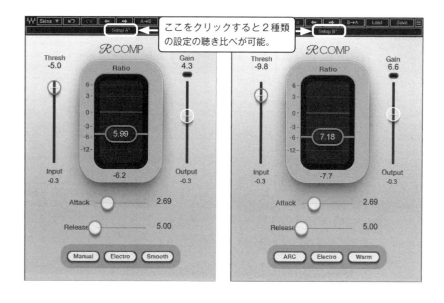

ここをクリックすると2種類
の設定の聴き比べが可能。

マルチバンドコンプレッサー

　本章の最後にマルチバンドコンプレッサーについて解説しておこう。2mix にコンプレッサーをかけるときには、このタイプもおすすめだ。

　コンプレッサーは、ある一部の周波数帯域であっても Threshold を超えたら全帯域をまとめて圧縮する。それに比べてマルチバンドコンプレッサーは、Threshold を超えた帯域には圧縮をかけるが、それ以外の帯域には圧縮をかけない。

　次の波形でその効果を見てみよう。

　600Hz から 800Hz あたりが大きくなっている。Threshold を印のところに設定したとき、低域と高域のレベルにはどんな変化が現れるかを比較した（わかりやすいように極端な設定にしている）。図の○で囲んだあたりの変化に注目してほしい。

コンプレッサーをかける前

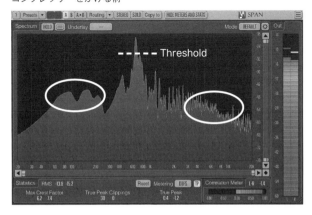

Aはこれまでと同じコンプレッサーをかけたとき、Bはマルチバンドタイプのコンプレッサーをかけたときの周波数分布だ。

A コンプレッサーをかけたあと

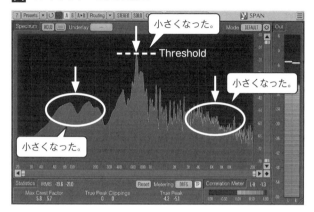

B マルチバンドコンプレッサーをかけたあと

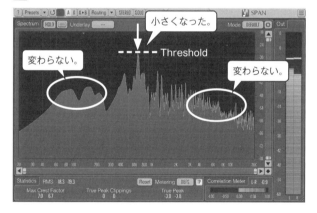

　つまり、特定の大きな音、たとえばボーカルの叫んだところに反応して
圧縮するとき、通常のコンプレッサーではボーカルの帯域だけではなく、
キックなどの低域、ハイハットなどの高域の音量も下げてしまうが、マル
チバンドタイプのコンプレッサーでは、ボーカルの帯域だけを圧縮して、
ほかの帯域には影響しない。

Digital Performer に付属のマルチバンドタイプのコンプレッサー

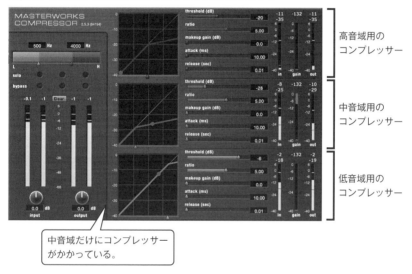

　以上で音圧上げのすべての工程は終了だ。次の章では、M/S 処理につい
て解説しよう。

第 **8** 章

M/S 処理を利用して
音圧を上げる

M/S 処理という方法を使って音圧を上げる方法がある。個別のパートにコンプレッサーをかけ、ミキシングもうまくできていればこの方法を使わなくても音圧は十分上がるが、個別の素材がなく 2mix のファイルしかない場合には、この方法で音圧をかなり上げることができる可能性がある。M/S 処理の仕組み、設定方法、専用プラグインの３つに分けて解説しよう。

M/S 処理とは

Mはミッド、つまり中央のことをいい、Sはサイド、左と右のことを指している。つまり M/S 処理とは、L（左）とR（右）に分けられた信号を Mid（中央）の成分と Side（左右）の成分に分け、別々に調整することをいう。

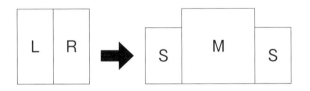

一般的に音は中央（Mid）に集まりやすく、それに比べると左右（Side）の音が小さくなりがちだ。そこで、M/S 処理によって左右（Side）の音の音圧を上げることで、全体の音圧アップをはかろうというわけだ。

M/S 処理で音圧を上げる仕組み

M/S 処理の説明の前に、最初に波形の反転について説明しておこう。

ある波形の一部分を拡大するとこのようになっている。端から端まではおよそ 0.01 秒だ。

拡大した波形

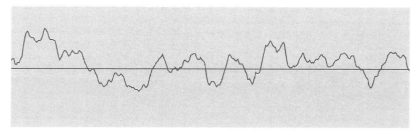

この波形の±（上下）を反転させるとこのようになる。中央を境に、鏡に映したようになっている。

反転した波形

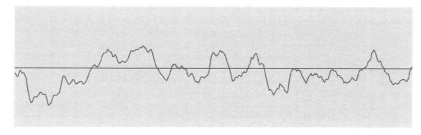

この2つの波形を足し算（同時に再生）すると、打ち消しあって音が出なくなる。実際にやってみるとわかるが、本当に音が出なくなる。

音が出なくなった

この現象を数式にするとこんな感じだ。

波形 A − 波形 A = 0

この現象を踏まえて、M/S 処理で音圧を上げる仕組みを見ていこう。

今、ボーカル（中央）、エレキギター（最左）、アコースティックギター（最右）の3つのパートでできている曲があったとしよう（実際は振り切っていなくてもよいが、説明を簡略にするための想定だ）。

左 ⟵————————————————————⟶ 右

| エレキギター (EG) | ボーカル (VO) | アコースティックギター (AG) |

その波形がこれだ。
上の波形は左側（L）の音だからエレキギター（EG）とボーカル（VO）の音が入っているし、下の波形は右側（R）の音だからアコースティックギター（AG）とボーカル（VO）の音が入っていることになる。

L VO + EG

R VO + AG

手順1　L＋RとL－Rの信号に分ける

　このファイルに対して M/S 処理をおこなうプラグインを使うと、左と右の音をプラスした（VO + EG）＋（VO + AG）と、左と反転した右の音をプラスした（VO + EG）－（VO + AG）が出力される。

　このように、LとRの信号をL＋RとL－Rの信号に分けることを「M/S 処理」という。

> ボーカルの音量が
> 大きくなっている。

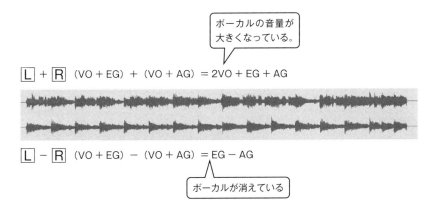

L ＋ R （VO + EG）＋（VO + AG）＝ 2VO + EG + AG

L － R （VO + EG）－（VO + AG）＝ EG － AG

> ボーカルが消えている

　ここで注目したいのは、上の波形ではボーカルの音量が大きくなっている点と、下の波形ではボーカルが消えているという点だ。ボーカルが消えるカラクリは冒頭に説明した反転によるもので、左の波形に入っているボーカルの成分と反転した右のボーカルとで打ち消しあってしまうからだ。

手順2　L − Rのボリュームを２倍にする

　次に下の（EG − AG）のボリュームを２倍（説明の都合上２倍としたが通常の曲でそこまで大きくすることはないだろう）に上げて 2EG − 2AG とすると次のようになる。

Ⓛ 2VO + EG + AG

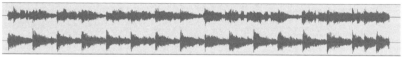

Ⓡ 2EG − 2AG

> ボリュームを２倍に
> 上げた。

手順3　もう一度M/S処理をおこなう

　そこでもう一度M/S処理をおこなう。**Ⓛ**の "2VO + EG + AG" と**Ⓡ**の "2EG − 2AG" をプラスした波形と、**Ⓛ** "2VO + EG + AG" と反転した**Ⓡ** "2EG − 2AG" をプラスした波形が出力されて次のようになる。

$$\text{Ⓛ} + \text{Ⓡ} = (2VO + EG + AG) + (2EG - 2AG)$$
$$= 2VO + 3EG + AG$$
$$\text{Ⓛ} - \text{Ⓡ} = (2VO + EG + AG) - (2EG - 2AG)$$
$$= 2VO - EG + 3AG$$

Ⓛ + **Ⓡ** 2VO + 3EG + AG

Ⓛ − **Ⓡ** 2VO − EG + 3AG

　M/S 処理の結果、左が 2VO + 3EG + AG、右が 2VO + 3AG - EG とな
る。どちらも半分のボリュームにすれば、左は VO + 1.5EG + 0.5AG、右
は VO + 1.5AG - 0.5EG なる。

　これを M/S 処理前と比較してみよう。

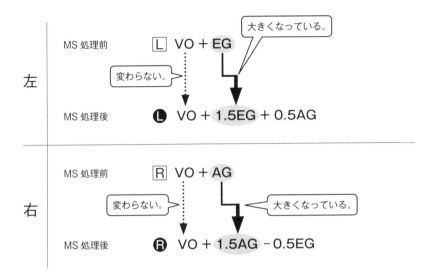

　ボーカルはそのままで、左右のギターだけが 1.5 倍に大きくなっている
のがわかる。これを聞くと、確かに音圧が上がって聞こえる。

　ただし、もともと左には入っていなかったアコースティックギターが小
さい音ながらも入っていたり、右にはエレキギターが反転した状態で入っ
ていたりと、もともとの音にはないものが付加されている。付加された音
はそれほど大きくはないが、あまり良い状態とはいえない。

　そういったことから M/S 処理は多用すべきではなく、パート別のファ
イルがあればミックスからやりなおして必要な音量にしてミックスすべき
だろう。しかし 2mix の素材しかない場合には、このようなデメリットも
理解したうえでなら、音圧を上げる 1 つの方法として利用するのもありだ
ろう。

DAW によって方法はさまざまだが、DigitalPerformer を使った M/S 処理の方法を 1 例として紹介しよう。

　次項で紹介する専用プラグインでも同じことがおこなえるが、専用プラグインではおこなえることが限られる。その点、手順は複雑だが、この方法はサイドのボリュームを上げるときに自分の使いやすいコンプレッサーをかけるなど自由度が高いので、覚えておきたいスキルだ。

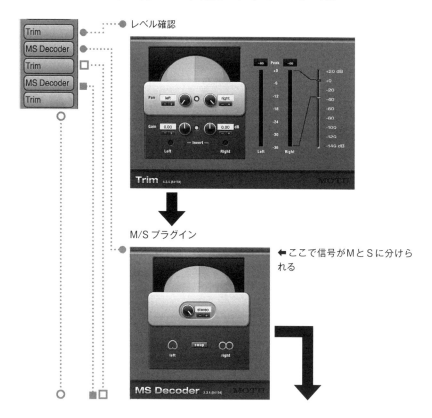

レベル確認

M/S プラグイン

← ここで信号がMとSに分けられる

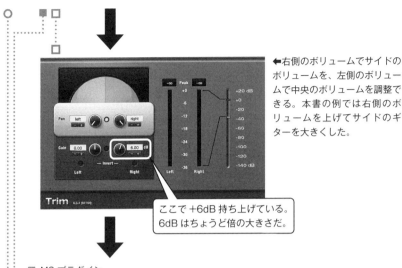

←右側のボリュームでサイドの
ボリュームを、左側のボリュー
ムで中央のボリュームを調整で
きる。本書の例では右側のボ
リュームを上げてサイドのギ
ターを大きくした。

ここで +6dB 持ち上げている。
6dB はちょうど倍の大きさだ。

■ MS プラグイン

← M と S に分けられた信号が、
ここで通常の LR に戻る。

○ レベル確認

両チャンネルを -6dB にして信号を半分
の大きさにする。ここでは TRIM とい
う Digital Performer 付属のプラグイ
ンを使って信号を半分の音量にしたが、
M/S プラグインによっては自動でもと
のレベルに戻るプラグインもある。

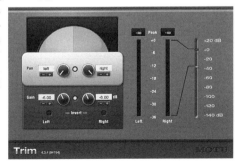

専用プラグイン

　設定が複雑な M/S 処理も、Waves 社の Center や Digital Performer に付属している SPATIAL MAXIMAIZER など、専用プラグインを使うと簡単におこなえる。これらのプラグインでは内部で M/S 処理をおこなってくれるので、複雑な接続は不要、プラグインを1つだけ挿せばよい。

　Center では CENTER、SIDES のスライダーで中央、もしくはサイドの音量が調整可能だ。

　SPATIAL MAXIMIZER では音量以外にも、ダイナミックイコライザー[注1] を中央、サイド、それぞれ個別にかけることができる。

注1　通常のイコライザーは効果がかかったままであるが、ダイナミックイコライザーは曲のなかで特定の周波数成分の多い（少ない）ところに反応して、自動でカット（ブースト）をおこなうもの。

Center

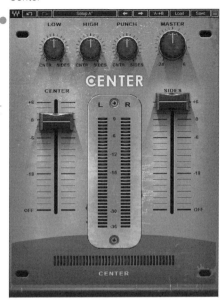

⬆ Center を挿したところ。

ここではレベルをチェックするために Trim を
入れているが、何らかの方法でレベルはチェッ
クできるようにしておいたほうがよい。

SPATIAL MAXIMIZER

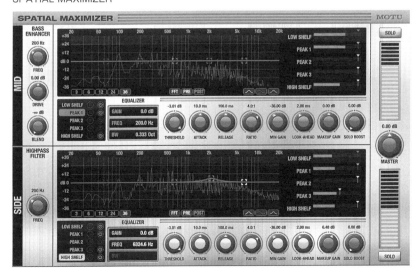

あとがき

　最近の曲を聞くと、2mix の仕上がりに個性がないと私は感じている。ヘビメタ系のキックはこんな音、アイドル系のシンセはこんな音……、キックもベースもギターもどれもだいたい同じ音だ。

　音楽は表現そのものであり、他より少しでも目立ちたいものである。それには周波数的にこうすれば派手になるという方法はほぼ決まっているから、それもやむを得ないことなのかもしれない。かくいう本書も「こうすれば」の方法・理論を紐解いた本だ。

　私は、本書で書いたようなことはまったく知らない人が、自身の作品で十分な音圧を出しているというケースを知っている。音楽の根っこの部分は感覚がすべてなので、それはもちろん、すばらしいことである。

　ただしそういった人は往々にして、いつも作るジャンル以外に音楽の幅を広げようとすると、途端にしょぼい音しか出せなくなることが多い。

　理論は殻を破るときに、時として手助けになってくれる。（決して理論で音楽を作るのではない。）この本を読んで、ひとたび音圧を出せるようになった人は、どうして音圧が出るのかその理論を獲得した人だ。

　ぜひ、獲得した理論をフルに活用して、没個性の音ではなく、自身にしか出せない音を探求してほしい。音楽は人それぞれ違うはずだから、"○○と同じような音が出せるようになった"は、自身の音ではないはずなのだ。

永野 光浩（ながの・みつひろ）

国立音楽大学作曲科卒。尚美学園短期大学講師、東京外国語大学アジア・アフリカ言語文化研究所共同研究プロジェクト研究員等を経て、現在、東海大学非常勤講師、八王子音楽院講師、国立音楽院講師。多くのテレビ番組のタイトル曲やCM曲を作るほか、オフィスビルや商業施設などの環境音楽、航空機内環境音楽等を作曲している。また、多くの作品集も出している。

CDに、「免疫力」「究極の眠れる音楽」「クリスタルヒーリング」、「和カフェ」、「疲労解消のための音楽」「脳活性のための音楽～ぼんやり脳のススメ」（いずれも株式会社デラ）など多数。

著書に、「音を大きくする本」、「新・プロの音プロの技」、「DTM オーケストラサウンドの作り方」、「DTM トラック制作術」「耳コピ力アップ術」「良い音の作り方」「耳コピが基礎からできるようになる本」（いずれもスタイルノート）など多数。

ホームページ：http://www2.odn.ne.jp/onken/

新・音を大きくする本
—— 音楽的に音圧を上げるテクニックのすべて

発行日●2021 年 8 月 30 日　第 1 刷

著　者●永野光浩
発行人●池田茂樹
発行所●株式会社スタイルノート
　　　　〒185-0021
　　　　東京都国分寺市南町 2-17-9 ART ビル5F
　　　　電話 042-329-9288
　　　　E-Mail books@stylenote.co.jp
　　　　URL https://www.stylenote.co.jp/

装　丁●又吉るみ子
印　刷●シナノ印刷株式会社
製　本●シナノ印刷株式会社

© 2021　Mitsuhiro Nagano　Printed in Japan
ISBN978-4-7998-0194-9　C1073